BRIGITTE SCHMIDTHALS

Die Neugestaltung des strafrechtlichen Staatsschutzes in der Sowjetischen Besatzungszone

NEUE KÖLNER RECHTSWISSENSCHAFTLICHE ABHANDLUNGEN

HERAUSGEGEBEN VON
DER RECHTSWISSENSCHAFTLICHEN FAKULTÄT
DER UNIVERSITÄT ZU KÖLN

HEFT 22

Berlin 1962

WALTER DE GRUYTER & CO.

vormals G. J. Göschen'sche Verlagshandlung · J. Guttentag, Verlagsbuchhandlung
Georg Reimer · Karl J. Trübner · Veit & Comp.

Die Neugestaltung des strafrechtlichen Staatsschutzes in der Sowjetischen Besatzungszone

Von

Dr. Brigitte Schmidthals

Köln

Berlin 1962

WALTER DE GRUYTER & CO.

vormals G. J. Göschen'sche Verlagshandlung · J. Guttentag, Verlagsbuchhandlung
Georg Reimer · Karl J. Trübner · Veit & Comp.

Archiv-Nr. 27 08 62 2
Satz und Druck: Saladruck, Berlin N 65

INHALTSÜBERSICHT

LITERATURVERZEICHNIS

Arendt, Hannah	Elemente und Ursprünge totaler Herrschaft, Frankfurt 1958.
Arndt, Herbert	Die landesverräterische Geheimnisverletzung, ZStW 66, 41 ff.
Baade, Hans W.	Ist Art. 6 II Verf. DDR als Strafgesetz wirksam? ROW 59, 11.
Bader, K. S.	Der Schutz des Staates, Verhandlungen des 38. DJT, Tübingen 1951.
Baring, Martin	Grundzüge der sowjetzonalen Verwaltung, Studien des Instituts für Ostrecht Bd. 8, Berlin 1959.
Benjamin, Hilde	Die Weiterentwicklung unserer Gesetzgebung, NJ 56, 98.
—	Sozialistisches Strafrecht, NJ 57, 788.
—	Zehn Jahre Justiz im Arbeiter-und-Bauern-Staat — Rückblick und Ausblick, NJ 59, 656.
Binding, Karl	Lehrbuch des Gemeinen Deutschen Strafrechts, Besonderer Teil II. Bd. 2. Abtl., Leipzig 1905.
Brune, Horst	Hochverrat und Landesverrat in rechtsvergleichender Darstellung, Strafrechtliche Abhandlungen 375.
Calker, van	Hochverrat und Landesverrat, VDB I, 1906.
Czychowski, Manfred	Der Begriff der fremden Regierung als Ausdruck grundsätzlicher Wandlung des Landesverratsrechts, Diss. Köln 1956.
Diener, Roger	Staatsauffassung und Staatsverbrechen, Berlin o. D.
Dirnecker, Bert	Die neuen Justizreformgesetze in der Sowjetunion, ROW 59, 64.
Drath, Martin	Verfassungsrecht und Verfassungswirklichkeit in der sowjetischen Besatzungszone, Bonn 1954.
—	Die Grundlagen der kommunistischen Staatsauffassung und Revolutionslehre im Staatsrecht der Sowjetzone; Studien des Instituts für Ostrecht Bd. 1.
Dreher-Maassen	Strafgesetzbuch mit Erläuterungen, 3. Aufl., München 1959.
Eisermann, Irmgard u. Löwenthal, Heinrich	Gedanken zur tatbestandsmäßigen Neufassung der Staatsverbrechen, NJ 56, 552.
Frank, Reinhard	Das Strafgesetzbuch für das Deutsche Reich, 18. Aufl., Tübingen 1931.
Friedenau, Theo	Rechtsstaat in zweierlei Sicht, Berlin o. D.

Grotewohl, Otto — Deutsche Verfassungspläne, Berlin (Ost) 1947.

Heller, Friedrich — Partei und staatliche Verwaltung in der Sowjetzone, ROW 57, 192.

Hiller, Rudolf — Richtige Wertung der Trunkenheit des Täters bei antidemokratischen Delikten! NJ 58, 600.

Jacobi, Erwin — Die Richtlinien des Obersten Gerichts der Deutschen Demokratischen Republik, Festschrift für W. Apelt, München 1958.

Jahn, Gustav — Bemerkungen zu Objekt und Gegenstand der Verleitung zum Verlassen der DDR, NJ 58, 456.

— Einige Fragen der Verleitung zum Verlassen der DDR, NJ 58, 840.

— Zu einigen Fragen des Tatbestandes der Diversion und Sabotage, Staat und Recht 56, 78.

— u. Stiller, Gerhard — Zur Fassung der Strafrechtsnormen zum Schutz des Friedens und der Deutschen Demokratischen Republik in einem künftigen Strafgesetzbuch, NJ 59, 629.

Kägi, Werner — Die Verfassung als rechtliche Grundordnung des Staates, Zürich 1945.

Kermann, Ekkehard — Verbrechen gegen die Volkswirtschaft, Materialien zum Strafrecht; Besonderer Teil Heft 4.

Köhler, August — Hochverrat und Landesverrat, GA 51, 130.

Kohlrausch-Lange — Strafgesetzbuch, 42. Aufl., Berlin 1959.

Kühlig, Gerhard — Zu den Tatbeständen der Spionage und der Verleitung zur Republikflucht, NJ 56, 428.

Lange, Richard — Die Entwicklung des Strafrechts in der sowjetischen Besatzungszone, Die Justiz in der Sowjetischen Besatzungszone Deutschlands, Bonner Berichte aus Mittel- und Ostdeutschland, Bonn 1959 (zitiert Die Justiz).

— Sind die sowjetzonalen Wirtschaftsgesetze, insbesondere das Handelsschutzgesetz, ihre Anwendung und Anerkennung mit den Grundrechten des Grundgesetzes vereinbar? Rechtsgutachten 1957.

— Rechtsidee und Rechtsideologie in West und Ost, Verhandlungen des 42. DJT, Tübingen 1958.

Lehrbuch des Strafrechts der DDR, Allgemeiner Teil, Berlin (Ost) 1957.

Leipziger Kommentar Strafgesetzbuch I, Bd., 9. Aufl., Berlin 1957.

Leim, Ernst — Abgrenzung der Hetze von der Staatsverleumdung, NJ 58, 694.

Lekschas, John — Das StEG — das mildere Gesetz im Verhältnis zu Art. 6 der Verfassung, NJ 58, 82.

Lieber, Hans-Joachim — Die Philosophie des Bolschewismus in den Grundzügen ihrer Entwicklung, Berlin 1956.

v. Liszt-Schmidt — Lehrbuch des Deutschen Strafrechts I. Bd. 26. Aufl., Berlin 1932.

Löwenthal, Heinrich	Nochmals: Zum Merkmal der „Öffentlichkeit" bei Staatsverleumdung, NJ 59, 55.
Louven, Klaus	Neue Begriffe im Recht des Staatsschutzes unter dem Gesichtspunkt des Ost-West-Gegensatzes, ungedr. Diss. Köln 1956.
Mampel, Siegfried	Über die Bedeutung der Staatslehre des Marxismus-Leninismus für die verfassungsrechtliche Entwicklung in Mitteldeutschland, ROW 60, 45.
Manecke, Kurt u. Sahre, Hans	Zu den Tatbeständen der Diversion und Sabotage, Staat u. Recht 56, 631.
Maurach, Reinhart	Zur Entwicklung des materiellen Verbrechensbegriffs im sowjetischen Strafrecht, ROW 57, 137.
—	Grundlagen des räterussischen Strafrechts, Berlin 1933.
—	System des Russischen Strafrechts, Berlin 1928.
—	Zur Problematik der Rechtsbeugung durch Anwendung sowjetzonalen Rechts, ROW 58, 177.
—	Handbuch der Sowjetverfassung, München 1955.
—	Deutsches Strafrecht, Allgemeiner Teil, 2. Aufl., Karlsruhe 1958.
Melsheimer	Das Strafrechtsergänzungsgesetz ein Gesetz der sozialistischen Demokratie, NJ 58, 41.
Niese, Werner	Eröffnung des Instituts für Ostrecht in München, JZ 58, 219.
Orschekowski, Walter und Benjamin, Michael	Zu Fragen des materiellen Verbrechensbegriffs, NJ 58, 814.
Ostwald, Helmut	Bilanz des Bundesnotaufnahmeverfahrens, SBZ-Archiv 60, 121.
Rauch, Georg v.	Geschichte des Bolschewistischen Rußland, Wiesbaden 1956.
Reinwarth, Hans	Die Entwicklung der Rechtsprechung des Obersten Gerichts auf dem Gebiet der Staatsverbrechen seit Inkrafttreten des StEG, NJ 59, 6.
Richert, Ernst	Macht ohne Mandat, Köln 1958.
Römer, Axel	Sabotage, Diversion, Schädlingstätigkeit, Staat und Recht 56, 527.
Schmidt, Helmut	Schaffung eines sozialistischen Strafrechts, NJ 58, 630.
—	Zum Merkmal der „Öffentlichkeit bei Staatsverleumdung", NJ 58, 819.
Schönke-Schröder	Strafgesetzbuch, Kommentar 9. Aufl. Berlin 1959.
Schroeder, Christian-F.	Das Strafrecht der UdSSR de lege ferenda, Studien des Instituts für Ostrecht Bd. 3, Berlin o. D.
Schulz, Werner	Politische Willensbildung im Ostblock, Beilage B 13/59 zur Wochenzeitung Das Parlament v. 25. 3. 1959.

—	Die Verfassung der „Deutschen Demokratischen Republik", Frankfurt 1959.
Stalin, Josef	Der Marxismus und die Fragen der Sprachwissenschaft, 1950 (deutsch Berlin 1953).
Stiller, Gerhard	Die Staatsverbrechen, Beiträge zum Strafrecht Heft 3, Berlin (Ost) 1959.
— u. Benjamin, Michael	Probleme der mehrfachen Gesetzesverletzung bei Verbrechen gegen die Deutsche Demokratische Republik, NJ 58, 189.
Streit, Josef	Mängel in der Arbeit müssen bis auf ihre ideologische Wurzel geklärt werden, NJ 57, 615.
Ulbricht, Walter	Die Staatslehre des Marxismus-Leninismus und ihre Anwendung in Deutschland, Berlin (Ost) 1958.

Unrecht als System, Dokumente über planmäßige Rechtsverletzungen in der Sowjetzone Deutschlands, zusammengestellt vom Untersuchungsausschuß Freiheitlicher Juristen.

Die Verfassungen der Europäischen Länder der Volksdemokratie, Berlin (Ost) o. D.

Das Verwaltungsrecht der Deutschen Demokratischen Republik, Allgemeiner Teil, Berlin (Ost) 1957.

Weber, Hellmuth v.	Der Schutz des Staates, Verhandlungen des 38. Deutschen Juristentages, strafrechtliche Abteilung, Tübingen 1951.
—	Die Verbrechen gegen den Staat in der Rechtsprechung des Reichsgerichts, RG-Festgabe Bd. V S. 173.
Welzel, Hans	Das Deutsche Strafrecht, Systematische Darstellung, 6. Aufl. Berlin 1958.

Gesetz zur Ergänzung des Strafgesetzbuches — Strafrechtsergänzungsgesetz — vom 11. Dezember 1957, GBl. Nr. 78/1957 S. 643.

Gesetz über die Verfassung der Gerichte der Deutschen Demokratischen Republik (Gerichtsverfassungsgesetz) i. d. F. des Gesetzes vom 1. Oktober 1959, GBl. Nr. 57/1959 S. 756.

Gesetz über das Verfahren in Strafsachen in der Deutschen Demokratischen Republik (Strafprozeßordnung) vom 2. Oktober 1952, GBl. S. 997.

Das Bulgarische Strafgesetzbuch vom 2. Februar 1951, deutsch Sammlung Außerdeutscher Strafgesetzbücher Nr. 73, Berlin 1957.

Strafgesetzbuch der Russischen Sozialistischen Föderativen Sowjet-Republik vom 22. November 1926 i. d. F. vom 1. Januar 1952, deutsch Sammlung Außerdeutscher Strafgesetzbücher Nr. 60, Berlin 1953.

Das Tschechoslowakische Strafgesetzbuch vom 12. Juli 1950 i. d. F. vom 22. Dezember 1956, deutsch Sammlung Außerdeutscher Strafgesetzbücher Nr. 57, Berlin 1958.

Alle §§-Angaben ohne Zusatz beziehen sich auf die §§ des StEG.

§§-Angaben des StGB ohne Zusatz beziehen sich auf die §§ des StGB, die sowohl in der SBZ als auch in der Bundesrepublik gelten.

ABKÜRZUNGSVERZEICHNIS

a. a. O.	am angegebenen Ort
Abschn.	Abschnitt
a. F.	alte Fassung
ALR	Allgemeines Landrecht für die preußischen Staaten
Anm.	Anmerkung
Art.	Artikel
BG	Bezirksgericht
BGBl.	Bundesgesetzblatt
BGH	Bundesgerichtshof
BR	Bundesrepublik
CSR	Tschechoslowakische Republik
DDR	Deutsche Demokratische Republik
„DDR"	sogenannte Deutsche Demokratische Republik
DDV	Verfassung der sogenannten Deutschen Demokratischen Republik
DFD	Demokratischer Frauenbund Deutschlands
DJT	Deutscher Juristentag
Entw.	Entwurf eines neuen StGB
FAZ	Frankfurter Allgemeine Zeitung
FDGB	Freier Deutscher Gewerkschaftsbund
FDJ	Freie Deutsche Jugend
GA	Goltdammers Archiv für Strafrecht (nach Band und Seite)
GBl.	Gesetzblatt der (sogenannten) Deutschen Demokratischen Republik
h. M.	herrschende Meinung
HSchG	Handelsschutzgesetz (Gesetz zum Schutz des innerdeutschen Handels)
i. d. F.	in der Fassung
i. S.	im Sinne
JZ	Juristenzeitung (nach Jahr und Seite)
KG	Kammergericht
KgU	Kampfgruppe gegen Unmenschlichkeit
KP	Kommunistische Partei
KRD	Direktive des Kontrollrats
KRG	Kontrollratsgesetz

LPG	Landwirtschaftliche Produktionsgenossenschaft
LK	Leipziger Kommentar
NJ	Neue Justiz (Jahr und Seite)
o. a.	oben angeführt
OG	Oberstes Gericht der Deutschen Demokratischen Republik
OGE	Entscheidungen des Obersten Gerichts in Strafsachen (Band und Seite)
RGBl.	Reichsgesetzblatt
RGSt.	Entscheidungen des Reichsgerichts in Strafsachen
ROW	Recht in Ost und West (Jahr und Seite)
StEG	Gesetz zur Ergänzung des Strafgesetzbuches (Strafrechtsergänzungsgesetz)
RSFSR	Russische Sozialistische Föderative Sowjet-Republik
RStGB	Strafgesetzbuch für das Deutsche Reich (Reichsstrafgesetzbuch)
RwID	Rechtswissenschaftlicher Informationsdienst (Jahr und Spalte)
SED	Sozialistische Einheitspartei Deutschlands
SBZ	Sowjetische Besatzungszone
SMAD	Sowjetische Militäradministration
StGB	Strafgesetzbuch (ohne Zusatz = sowohl in der BR als auch in der SBZ gültigen Fassung)
StGB BR	StGB in der in der Bundesrepublik gültigen Fassung
StGB (Zone)	StGB in der in der SBZ gültigen Fassung
StPO	Strafprozeßordnung
StPO BR	Strafprozeßordnung der Bundesrepublik
StPO (Zone)	Strafprozeßordnung der SBZ
SU	Sowjetunion
u. a.	unter anderem oder: und andere
UdSSR	Union der Sozialistischen Sowjetrepubliken
VDB	Vergleichende Darstellungen des deutschen und ausländischen Strafrechts, Besonderer Teil
VEB	Volkseigener Betrieb
Verf.	Verfassung
vgl.	vergleiche
VO	Verordnung
WStrVO	Wirtschaftsstrafverordnung
Ziff.	Ziffer
ZStW	Zeitschrift für die gesamte Strafrechtswissenschaft

EINLEITUNG

Am 1. 2. 1958 ist in der SBZ das am 11. 12. 1957 verabschiedete Strafrechtsergänzungsgesetz[1]) in Kraft getreten, durch dessen II. Teil der Besondere Teil des StGB in der in der SBZ gültigen Fassung ergänzt wird. Der 1. Abschnitt des II. Teils des StEG enthält in den §§ 13 bis 27 die Neuregelung des strafrechtlichen Staatsschutzes für die SBZ.

Die Teilung Deutschlands in zwei voneinander völlig verschiedene weltanschauliche, politische Systeme hat notwendig das Nebeneinander zweier ebenso konträrer Rechtssysteme zur Folge. Aber genauso wie das Gebiet, das jenseits der Elbe liegt nach wie vor Deutschland ist, ist das in der SBZ angewandte und gesprochene Recht[2]) deutsches Recht. Es ist es dies zwar nicht seinem Wesen und seiner Idee nach, wie sich im Laufe der vorliegenden Untersuchung zeigen wird. Aber es ist deutsches Recht, weil es auf deutschem Boden praktiziert wird und weil deutsche Menschen nach diesem Recht und unter diesem Recht zu leben gezwungen sind. Und dies allein schon sollte Grund genug sein, sich noch mehr als bisher mit dem in der SBZ herrschenden Rechtszustand auseinanderzusetzen, Theorie und Praxis gründlich zu erforschen, ganz abgesehen von den konkreten Konfliktsituationen, die sich täglich aus diesem Nebeneinander ergeben und die eine Auseinandersetzung notwendig machen. Auch uns trifft der Vorwurf, der bei Jacobi[3]) anklingt, wenn er bemerkt, daß die so schwer erkämpfte Einheit des deutschen Rechts durch die politische Teilung Deutschlands seit 1945 schon soweit verlorengegangen sei, daß das Recht des einen Teiles in dem anderen Teile kaum mehr gekannt werde. Und das, was Maurach für das Ostrecht ganz allgemein feststellte, nämlich die fehlende Neigung zu seiner Erforschung und eine um so stärkere Tendenz zu seiner propagandistischen Bekämpfung in einer primitiven Schwarz-Weiß-Malerei[4]), gilt für unser Verhältnis zur Zone ganz besonders. „Sie verdammen, ohne zu untersuchen und bekämpfen, ohne den Gegner zu kennen[5]).“ Mit Recht betont auch Baring[6]), daß es ferne von uns sein muß, „an diese Fragen heranzugehen im Geiste einfältigen Hochmutes, in dem Sinne, wie wir es doch

---

[1]) GBl. I S. 643.

[2]) Die Verwendung des Begriffs Recht ist hier freilich sehr problematisch. Die Auseinandersetzung mit dem Problem würde aber eine eigene Untersuchung notwendig machen.

[3]) In Festschrift Apelt S. 203.

[4]) Nicht veröffentlicht; zitiert nach Niese JZ 58, 219.

[5]) Maurach nicht veröffentlicht; zitiert nach Niese a. a. O.

[6]) Grundzüge der sowjetzonalen Verwaltung S. 52.

so herrlich weit gebracht haben diesseits der Elbe — wie verderbt, in der Wurzel verderbt, die Verhältnisse drüben seien. Es geht nicht an, diese Dinge — wahrhaft Schicksalsfragen der Nation — in einer einseitigen Schwarz-Weiß-Malerei zu behandeln." Daß eine solche Haltung nicht gleichbedeutend ist mit einer etwaigen Anerkennung oder Rechtfertigung des zonalen Herrschafts- und Rechtssystems braucht hier nicht betont zu werden. Bevor wir verdammen, ist es notwendig nüchtern zu untersuchen. Unter diesem Gesichtspunkt versucht auch die vorliegende Arbeit Kenntnis wenigstens über ein Teilgebiet des sowjetzonalen Strafrechts, den strafrechtlichen Staatsschutz, zu vermitteln.

A. STAATSAUFFASSUNG UND STAATSSCHUTZ

Jeder Staat[7]), gleichgültig von welchen Vorstellungen über seine Funktion und Aufgabe er getragen ist, ist schutzfähig und schutzbedürftig. Schutzfähigkeit und Schutzbedürftigkeit sind ihm als solchem immanent. Sie resultieren allein aus seiner bloßen Existenz. Jeder Staat muß sich — will er sich nicht selbst aufgeben — gegen Angriffe auf diese seine Existenz schützen. Für die freiheitliche Demokratie ist Staatsschutz ebenso notwendig wie für den totalitären Staat, zu dessen „eisernem Bestand die Furcht vor dem Überzeugungsverbrecher" gehört[8]). Wenn auch die äußere Sicherheit und die innere Stabilität des Staates von moralischen Faktoren abhängen, so bedürfen sie doch auch im allgemeinen Strafrecht eines wirksamen Schutzes[9]). Wie weit dieser Schutz reicht und wo er seine Grenze hat, das jedoch hängt von der dem sich schützenden Staat zugrunde liegenden Staatsidee ab. Für die freiheitliche Demokratie besteht das Problem des strafrechtlichen Staatsschutzes darin, daß sie sich nur mit demokratischen Mitteln schützen kann[10]). Für sie gilt es, die verfassungsmäßig garantierte Opposition und die in der Verfassung verbrieften Rechte ihrer Bürger zu respektieren, soweit diese Rechte nicht mißbraucht werden. Hier findet der strafrechtliche Staatsschutz seine Grenze. Für den totalitären Staat jedoch, dessen Wesen gerade darin besteht, „sich rückhaltlos und unbegrenzt in alle gesellschaftlichen Beziehungen und Gruppierungen zu erstrecken und in dem es demzufolge grundsätzlich keine von der politischen Macht unbeeinflußten Freiräume mitmenschlichen oder zwischenmenschlichen Handelns und Verhaltens gibt"[11]), entsteht das Problem, inwieweit er zum Schutz seiner eigenen Sicherheit in die Sphäre seiner Bürger eingreifen darf, gar nicht. Es zeigt sich also, daß die Ausgestaltung des strafrechtlichen Staatsschutzes weitgehend abhängig ist von der jeweils herrschenden Staatsauffassung. Als weiteres Unterscheidungskriterium kommt hinzu die Handhabung der Staatsschutznormen durch die Gerichte, die wiederum beeinflußt wird von der herrschenden Auffassung vom Recht und der Rechtsprechung und ihren Funktionen. Uns ist der Staat als Rechtsstaat Diener und Schützer des vor ihm bestehenden und ihm

---

[7]) Für die Verwendung des Begriffs Staat gilt das zu S. 1 Fußn. 2 Gesagte ebenfalls.

[8]) Maurach ROW 58, 181.

[9]) v. Weber 38. DJT E 21.

[10]) Louven S. 7.

[11]) Lieber Die Philosophie S. 2; vgl. zum Totalitarismus auch Arendt Elemente und Ursprünge sowie Drath in Richert Macht ohne Mandat.

Schranken setzenden Rechtes[12]). Nach der in der SBZ geltenden marxistisch-leninistischen Staatslehre[13]) ist er das Instrument in Händen der herrschenden Klasse der Arbeiter und anderen Werktätigen zur Unterdrückung der Klasse der Bourgeoisie. Er ist das Hauptinstrument beim Aufbau des Sozialismus[14]). Sein Schutz und seine Stärkung stehen daher im Vordergrund der strafrechtlichen Tätigkeit[15]). So erklärt es sich auch, daß die Schwerpunkte der sowjetzonalen Strafrechtspflege im politischen Strafrecht liegen[16]).

B. DER STRAFRECHTLICHE STAATSSCHUTZ IN DER SBZ BIS ZUM INKRAFTTRETEN DES StEG

I. Die gesetzlichen Grundlagen

Durch KRG Nr. 11 vom 30. 1. 1946[17]) wurden die den strafrechtlichen Staatsschutz betreffenden Bestimmungen des RStGB für alle Besatzungszonen Deutschlands aufgehoben. Gesetzliche Grundlagen der politischen Justiz waren in der SBZ in der Folgezeit die Kontrollratsdirektive Nr. 38 Abschn. II, Art. III A III vom 12. 10. 1946[18]), das Gesetz zum Schutze des Friedens vom 15. 12. 1950[19]), der Befehl Nr. 160 der SMAD vom 3. 12. 1945 sowie Art. 6 Abs. 2 DDV[20]), von denen das Gesetz zum Schutze des Friedens am wenigsten zur Anwendung kam[21]).

Der eigentliche Zweck der KRD 38 bestand darin, ehemalige Kriegsverbrecher, Nationalsozialisten und Militaristen zur Verantwortung zu ziehen und neonazistische und neomilitaristische Bestrebungen zu bekämpfen[22]). Die für das politische Strafrecht der Zone entscheidende Bestimmung der Direktive lautete:

> Aktivist ist auch, wer nach dem 8. Mai 1945 durch Propaganda für den Nationalsozialismus oder Militarismus oder durch Erfindung und Verbreitung tendenziöser Gerüchte den Frieden des deutschen Volkes oder den Frieden der Welt gefährdet hat oder möglicherweise noch gefährdet.

---

12) Lange, Die Justiz S. 106; wie Welzel (S. 391) sagt „Hüter des Rechts".

13) Über die Wandlungen, die die kommunistische Staatslehre seit Marx besonders durch Stalin erfahren hat, vgl. u. a. Lange, Rechtsidee C 8, v. Rauch, Geschichte, S. 539 ff.

14) Ulbricht, Staatslehre, S. 7; Benjamin, H. NJ 59, 656; Melsheimer NJ 58, 46; Stiller, Staatsverbrechen, S. 11; dazu auch Mampel ROW 60, 46.

15) Melsheimer, a. a. O.; NJ 58, 80.

16) Siehe Lange, Die Justiz, S. 97.

17) Amtsblatt des Kontrollrats in Deutschland, 1946, S. 55.

18) Amtsblatt des Kontrollrats, 1946, S. 184 (188).

19) GBl. I, S. 1199.

20) GBl. 1949, S. 5.

21) Lange, Die Justiz, S. 98, Anm. 17.

22) KRD 38, Abschn. I Ziff. 1.

Unter diese Klausel ließ sich schlechterdings alles bringen[23]). Auch nach Inkrafttreten des Art. 6 DDV wurde die KRD 38 trotz ihrer formellen Aufhebung von der zonalen Rechtsprechung weiter angewendet. Der Grund hierfür liegt wohl darin, daß Art. IX Ziff. 2 der Direktive als Sühnemaßnahme gegen Belastete i. S. des Abschn. II Art. III A III die teilweise oder vollständige Vermögenseinziehung vorsah, während Art. 6 DDV weder unmittelbar noch mittelbar die gesetzliche Handhabe für eine solche Maßnahme bietet. Berücksichtigt man, daß die Vermögenseinziehung als wirksames Instrument zur Zerschlagung des Privateigentums und Privatkapitals eingesetzt werden kann und damit den politischen Zielen des Zonenregimes entgegenkommt, dann wird deutlich, warum von der sowjetzonalen Judikatur bei Verstößen gegen Art. 6 DDV in den meisten Fällen auch die KRD 38 als Grundlage der Verurteilung herangezogen wurde. Dementsprechend leitete z. B. das OG[24]) aus der Bejahung des Art. 6 DDV automatisch auch die Anwendung der Direktive 38 ab[25]).

II. Art. 6 Abs. 2 DDV

Während die KRD 38 und Befehl Nr. 160 der SMAD aufgehoben worden sind, gilt Art. 6 DDV, wie in der zonalen Fachpresse ausdrücklich hervorgehoben wird[26]), neben den Staatsschutznormen des StEG als Strafgesetz fort. Er ist also auch nach Erlaß des StEG noch wesentlicher Bestandteil des sowjetzonalen Staatsschutzrechts. Die Auffassung Baades[27]), daß die Frage, ob Art. 6 ein Strafgesetz sei, nach Erlaß des StEG im wesentlichen für Gegenwart und Zukunft gegenstandslos sei, geht daher fehl.

Art. 6 Abs. 2 DDV lautet:

> Boykotthetze gegen demokratische Einrichtungen und Organisationen, Mordhetze gegen demokratische Politiker, Bekundungen von Glaubens-, Rassen-, Völkerhaß, militaristische Propaganda sowie Kriegshetze und alle sonstigen Handlungen, die sich gegen die Gleichberechtigung richten, sind Verbrechen im Sinne des Strafgesetzbuches. Ausübung demokratischer Rechte im Sinne der Verfassung ist keine Boykotthetze.

Als echte Strafnorm kann diese Verfassungsbestimmung nicht gewertet werden. Der Tatbestand ist gekennzeichnet durch seine enorme Elastizität und Unbestimmtheit. Infolge der Verwendung normativer, d. h. wertausfüllungsbedürftiger Begriffe fehlt jegliche Möglichkeit, eine Grenze zwischen strafbarem und straflosem (erlaubtem) Tun zu ziehen[28]) und wird es der Zonenjustiz ermöglicht, jedes politisch unerwünschte Handeln mit Strafe zu belegen. Zudem fehlt es der Bestimmung an einem Strafrahmen, ja, an

---

[23]) Lange, a. a. O., S. 98.

[24]) NJ 54, 30 zitiert nach Lange, Die Justiz, S. 98 Anm. 16.

[25]) Beispiele aus der Rechtsprechung zur KRD 38 siehe „Unrecht als System“ Teil I, II, III.

[26]) NJ 58, 80.

[27]) ROW 59, 12.

[28]) Maurach ROW 58, 178.

einer Strafdrohung überhaupt, was einen groben Verstoß gegen den auch von der zonalen Lehre[29]) theoretisch anerkannten Grundsatz „nulla poena sine lege" darstellt. Den Strafrahmen hat das OG in dem Urteil gegen die Zeugen Jehovas[30]) selbst festgelegt. Darin heißt es, daß Art. 6 Abs. 2 DDV ein unmittelbar anzuwendendes Strafgesetz sei. Er enthalte selbst zwar keine Strafdrohung, spreche jedoch aus, daß die in ihm genannten Handlungen Verbrechen im Sinne des Strafgesetzbuches seien. Die in ihm selbst nicht enthaltenen Strafbestimmungen seien daher dem allgemeinen Strafgesetzbuch zu entnehmen. Dieses drohe für Verbrechen als Strafe an: Todesstrafe, lebenslängliche Zuchthausstrafe und zeitliche Zuchthausstrafe. Alle diese Strafen fänden für Verstöße gegen den Art. 6 der Verfassung je nach der Schwere der Tat Anwendung. H. Benjamin, die die „Ungeheuerlichkeit"[31]) des Art. 6 DDV als ein wichtiges Instrument bei der Bekämpfung von Staatsverbrechen bezeichnete[32]), führt zu seiner Rechtfertigung an, daß Strafgesetze, die nach einer revolutionären Umwälzung zu deren Sicherheit geschaffen werden, stets zunächst einen weiten Tatbestand enthalten müssen, um allen Versuchen des gestürzten Gegners begegnen zu können[33]). Deutlicher kann die Auffassung, daß zur Erreichung des gewünschten Zweckes jedes Mittel recht ist, kaum zum Ausdruck kommen. Weiter stellt H. Benjamin fest, daß die Rechtsprechung bei der Anwendung des Art. 6 einen besonderen Weg eingeschlagen habe. „Entgegen der Übung der Gerichte kapitalistischer Länder, die konkret gegebene Tatbestände erweiternd auslegen und ausdehnen, haben sich unsere Gerichte selbst Grenzen gesetzt"[34]). Wo diese Grenzen liegen, zeigt die Unzahl harter Urteile, die auf Grund Art. 6 ergangen sind[35]).

C. DIE NEUGESTALTUNG DES SOWJETZONALEN STAATSSCHUTZES DURCH DAS StEG

Neben Art. 6 DDV sind seit dem 1. 2. 1958 die Staatsschutznormen des Strafrechtsergänzungsgesetzes getreten.

I. Die Systematik des StEG

Die Systematik des sowjetzonalen Staatsschutzrechts weicht vollkommen ab von der des RStGB, die auf spätliberalem Denken beruhte, dogmatisch

---

[29]) Lehrbuch des Strafrechts S. 214.

[30]) OGE 1, 39 f.

[31]) Ausdruck von Lange, Die Justiz, S. 132.

[32]) NJ 56, 98; so auch Melsheimer NJ 58, 47.

[33]) a. a. O.

[34]) a. a. O.

[35]) Vgl. dazu die in „Unrecht als System" Teil I—III zusammengestellten Beispiele.

sowie in der Terminologie im wesentlichen auf das ALR[36]) zurückgeht und auch noch das Staatsschutzrecht der Bundesrepublik sowohl de lege lata als auch de lege ferenda beeinflußt. Danach zerfallen die Staatsverbrechen in den gewaltsamen Angriff auf die innere Ordnung des Staates = Hochverrat und den Angriff auf seine äußere Machtstellung im Verhältnis zu anderen Staaten = Landesverrat. Es wird also nach Schutzgütern unterschieden. Diese Systematik dürfte nicht zuletzt auf der national-liberalen Auffassung beruhen, daß der Staat trotz innerstaatlicher Umwälzungen in seiner Existenz als Nation nach außen von Bestand bleibt.

Abweichend von dem gekennzeichneten klassischen Aufbau der Staatsverbrechen, läßt sich das Staatsschutzrecht der SBZ nicht nach dem Schutzgut im oben dargelegten Sinne gliedern. Das von Diener[37]) für das sowjetische Staatsschutzrecht Gesagte gilt auch für den strafrechtlichen Staatsschutz der SBZ. Für die bolschewistische Ideologie bestehen außenpolitische Gegensätze nicht in Differenzen zwischen einzelnen Nationalstaaten, sondern in Klassengegensätzen. Feind des Staates, sowohl seiner innenpolitischen als auch seiner außenpolitischen Sphäre, ist der internationale „Bourgeois". Die Unterscheidung zwischen Angriffen auf die innere Ordnung des Staates und solchen auf seine äußere Machtstellung muß daher für diese von einer internationalen Ideologie beherrschte Staatsauffassung bedeutungslos sein[38]. Und es entspricht dieser Beurteilung des Staatsfeindes, wenn Zonenjustizminister H. Benjamin bei der Begründung des StEG vor der Volkskammer erklärte, daß alle gegen die Deutsche Demokratische Republik begangenen Verbrechen ihrem Wesen nach auf unmittelbare Beeinflussung durch imperialistische Kräfte innerhalb und außerhalb Deutschlands zurückzuführen seien. Man habe die gegen die Deutsche Demokratische Republik begangenen Staatsverbrechen stets politisch als das gewürdigt, was sie seien, nämlich der vom internationalen Kapitalismus organisierte Versuch, die junge Arbeiter- und Bauern-Macht mit den Mitteln des Verbrechens anzugreifen, ihre Entwicklung wenigstens zu hemmen und dadurch einen Einbruch in das sozialistische Lager zu erreichen[39]). In diesen Ausführungen Benjamins kommen zwei Grundprinzipien des bolschewistischen Staatsschutzrechts zum Ausdruck Einmal die bereits erwähnte These, daß Feind des Staates und Angreifer der internationale Bourgeois, „die imperialistischen Kräfte" seien, zum andern, daß der Angriff auf das Staatswesen zugleich als Einbruch in das „soziali-

---

[36]) ALR II. Teil, 20. Tit., 2. Abschn. § 92:
Ein Unternehmen, welches auf eine gewaltsame Umwälzung der Verfassung des Staates oder gegen das Leben oder die Freiheit seines Oberhaupts abzielt, ist Hochverrat.
3. Abschn. § 100:
Ein Unternehmen, wodurch der Staat gegen fremde Mächte in äußere Gefahr und Unsicherheit gesetzt wird, heißt Landesverräterei.

[37]) Staatsauffassung S. 22.

[38]) Diener, a. a. O.

[39]) NJ 57, 788.

stische Lager", also als Angriff auf die anderen kommunistischen Staaten gewertet wird.

Es ist eine notwendige Folge dieser veränderten Einschätzung des Staatsfeindes, daß sich die Systematik des sowjetzonalen Staatsschutzrechts von der deutschen Rechtstradition gelöst hat. Eine systematische Einteilung der Staatsschutznormen des StEG läßt sich demzufolge auch nicht nach dem Schutzgut — innere bzw. äußere Sicherheit des Staates — vornehmen. Die Systematik stellt vielmehr auf die Begehungsform und die Schwere des Angriffs ab[40]). Danach gliedern sich die Strafbestimmungen in die Abschnitte:

Staatsverrat (§ 13)
Verratstatbestände (§§ 14—16)
Staatsgefährdung (§§ 17—20)
Diversion und Sabotage (§§ 22—23).

Innerhalb dieser von der Angriffsform bestimmten Einteilung erfolgt wiederum eine an der Schwere des Angriffs ausgerichtete Systematisierung, was sich aus den jeweiligen Strafdrohungen ergibt.

H. Benjamin hatte schon in der Diskussion über die Neufassung der Staatsschutznormen darauf hingewiesen, daß diese Systematisierung nicht von ungefähr entstanden sei, sondern den Lehren der sowjetischen Strafrechtswissenschaft und den Erfahrungen, die die Sowjetunion, die Länder der Volksdemokratien und die Deutsche Demokratische Republik in ihrem Kampf gegen die Feinde ihrer Staaten gesammelt haben, entspreche[41]). In gleichem Zusammenhang führt H. Benjamin aus, daß sich bei der Betrachtung der Regelung der Staatsverbrechen in den Gesetzgebungen der Sowjetunion und der Länder der Volksdemokratien zeige, daß es neben den typischen Formen, die in ähnlichen Tatbestandsformulierungen festgehalten sind, in fast jedem Land noch besondere Formen von Staatsverbrechen gebe, die aus seiner besonderen Situation folgen. So seien eine Reihe von Tatbeständen des Art. 58 des Strafgesetzbuches der RSFSR vom Jahre 1926 unmittelbar erwachsen aus dem Kampf der Sowjetvölker zur Sicherung der Errungenschaften der großen Sozialistischen Oktoberrevolution[42]). Aus dieser Tatsache rechtfertigt Benjamin[43]) mit Rücksicht auf die besondere Situation der „DDR" die Aufnahme der Strafbarkeit der Verbindungsaufnahme (§ 16) und der Abwerbung (§ 21) in das Staatsschutzrecht der Zone.

Die zuletzt genannte Strafnorm ist auch von der Begehungsform her systematisch nicht einzuordnen. Dementsprechend weist auch Renneberg[44])

---

[40]) Vgl. H. Benjamin NJ 57, 789; Renneberg NJ 58, 8.

[41]) NJ 56, 98; tatsächlich läßt sich in der Systematik des sowj. Gesetzes über die strafrechtliche Verantwortlichkeit für Staatsverbrechen v. 25. 12. 1958 — abgedruckt in RwID 58, 63 f. — und der Systematik der §§ 13 ff. im wesentlichen eine Übereinstimmung feststellen.

[42]) Vgl. hierzu als Beispiel die Ausführungen unten S. 57 ff. zu den Tatbeständen der Schädlingstätigkeit und Sabotage im StGB RSFSR.

[43]) NJ 56, 99.

[44]) NJ 58, 8.

darauf hin, daß die Verleitung zum Verlassen der Republik (§ 21) eine besondere Stellung innerhalb der oben aufgeführten Verbrechensgruppen einnimmt.

II. Die Tatbestände des StEG im einzelnen

1. Der an der Spitze des Katalogs der Staatsdelikte in § 13 unter Strafe gestellte Staatsverrat ist nach sowjetzonaler Auffassung[45]) die schwerste Angriffsform der Verbrechen gegen die „DDR". Er richte sich unmittelbar gegen die Gesamtheit der Grundlagen der Arbeiter-und-Bauern-Macht; er ziele auf die Beseitigung der ökonomischen Grundlagen sowie des Systems der politischen Herrschaft ab und gefährde deren äußere Sicherheit[46]).

a) Der objektive Tatbestand des § 13 Ziff. 1 ist gekennzeichnet als das Unternehmen, die verfassungsmäßige Staats- oder Gesellschaftsordnung der Deutschen Demokratischen Republik durch gewaltsamen Umsturz oder planmäßige Untergrabung zu beseitigen.

a_1) Bei der Auslegung des Begriffs „verfassungsmäßige Staats- oder Gesellschaftsordnung" taucht die Frage auf, ob durch § 13 Ziff. 1 die materielle Verfassung, d. h. die tatsächlichen Grundlagen des politischen Lebens der „DDR", die Verfassungswirklichkeit geschützt werden soll oder ob es sich bei dem Schutzobjekt um die Staatsordnung handelt, wie sie in der DDV festgelegt ist. Der Wortlaut des Gesetzes könnte mit Rücksicht auf die Verwendung des Terminus „verfassungsmäßig" auf letzteres schließen lassen, denn in ihm kommt eine gewisse Bezogenheit auf die DDV zum Ausdruck. Geht man bei der Begriffsbestimmung der „verfassungsmäßigen Staats- oder Gesellschaftsordnung" i. S. des § 13 Ziff. 1 von diesem Gedanken aus, so wäre daraus zu folgern, daß § 13 dem Schutz der politischen Ordnung dient, wie sie in der Verfassung der „DDR" institutionalisiert ist. Nur eine solche Einstellung wird auch dem Wesen und der Bedeutung der normativen Verfassung gerecht, soweit in ihr die politischen Grundlagen des Staatswesens, für die sich der Träger der verfassungsgebenden Gewalt entschieden hat, festgelegt sind. Zwar ist der Auffassung, daß der Schutz der Verfassung nicht dem Schutz der Norm als solcher dienen soll, sondern daß die Verfassung in „ihrem Sein" getroffen wird[47]), zuzustimmen. Dieses „Sein" der Verfassung hat sich aber an der Norm zu orientieren. Und man würde die normative Verfassung als das „System oberster Rechtsnormen des Staates"[48]) in ihrer Ordnungs- und Garantiefunktion ihres Wertes völlig berauben, würde man bei dem strafrechtlichen Schutz der Verfassung oder der verfassungsmäßigen Staatsordnung — der Unterschied ist nur ein terminologischer — die

---

[45]) Renneberg NJ 58, 8; H. Benjamin NJ 57, 789.

[46]) Stiller/M. Benjamin NJ 58, 189.

[47]) Vgl. v. Weber RG Festgabe Bd. V, S. 180; dazu auch Brune, S. 9.

[48]) Kägi Verfassung, S. 40.

formelle Verfassung außer acht lassen[49]). Es liegt in dem Wesen einer Verfassung, daß sich der Staat, der auf ihr aufbaut, an sie bindet. Sie bestimmt sein Handeln und auf sie hat sich das gesamte Rechtsleben eines Staates zu beziehen und auszurichten[50]). Sie setzt dem Machtanspruch des Staates Grenzen und garantiert dem Bürger Rechte und Freiheiten. Für die Untersuchung des § 13 Ziff. 1 folgt aus dem Gesagten, daß die DDV heranzuziehen ist, um Aufschluß über das Tatbestandsmerkmal „verfassungsmäßige Staats- oder Gesellschaftsordnung" zu erhalten[51]).

Die DDV geht zurück auf einen Verfassungsentwurf der SED[52]). Sie enthält die oben dargelegten wesentlichen Elemente einer Verfassung, regelt den Aufbau der Staatsordnung (Art. 50—143) und steckt die Grenzen der Staatsgewalt im Verhältnis zum Staatsbürger ab, indem sie eine Vielzahl von Grund- und Freiheitsrechten des Bürgers postuliert wie z. B. Rede-, Presse- und Religionsfreiheit (Art. 9, 41), Privateigentum (Art. 22) und die Gleichheit der Bürger vor dem Gesetz (Art. 6). Das Wesen einer Verfassung erschöpft sich jedoch nicht in ihrer Ordnungsfunktion. Ihr Sinn als Grundgesetz des Staates ist erst dann erfüllt, wenn das in ihr festgelegte Ordnungssystem durch sie garantiert wird. Auch eine solche Garantie ist in der DDV enthalten. Gemäß Art. 4 DDV müssen alle Maßnahmen der Staatsgewalt den Verfassungsgrundsätzen entsprechen. Und die für den einzelnen wichtigste Garantie, die Sicherung seiner Freiheit, seiner Individualsphäre vor dem Machtanspruch des Staates, wird durch Art. 49 gewährleistet, wonach durch eine durch Gesetz zugelassene Grundrechtsbeschränkung das Grundrecht als solches unangetastet bleiben muß.

Stellt man bei dem Begriff „verfassungsmäßige Staats- oder Gesellschaftsordnung" auf diese in der DDV festgelegte Ordnung ab, so würde der gewaltsame oder gewaltlose Anschlag auf diese Ordnung Staatsverrat i. S. des § 13 sein. Das von der DDV gekennzeichnete Bild steht aber in krassem Widerspruch zu der oben dargelegten sowjetzonalen Auffassung vom Staat als dem Hauptinstrument beim Aufbau des Sozialismus. Dieser Staat, der sich selbst als Instrument der herrschenden Klasse der Werktätigen zur Unterdrückung der Klasse der „Bourgeoisie" begreift, kann nicht auf einem Normensystem aufbauen, das z. B. das Grundrecht der Gleichheit, ja, das Grundrechte überhaupt garantiert und der Staatsmacht Grenzen setzt. Tat-

---

[49]) Wenn das Staatsschutzrecht der BR sowohl de lege lata (§ 80) als auch de lege ferenda (E 60 § 361 Zif. 2) als Angriffsobjekt des Hochverrats ausdrücklich die auf dem Grundgesetz beruhende verfassungsmäßige Ordnung bzw. Verfassung erwähnt, so ist diesem Gedanken Rechnung getragen. Es soll damit der Wertneutralität des früheren Rechts entgegengetreten werden, vgl. dazu Kohlrausch-Lange, § 80, Anm. V und Lange, Niederschriften Bd. 10, S. 18.

[50]) Friedenau, S. 26.

[51]) Auf die Frage nach der Legitimität der DDV soll hier nicht eingegangen werden, vgl. dazu Friedenau S. 26 f. und Drath Verfassungsrecht.

[52]) Entwurf einer Verfassung für die Deutsche Demokratische Republik, Anhang in Grotewohl Verfassungspläne, S. 85.

sächlich lag der Verfassung schon bei ihrer Entstehung eine politische Zielsetzung zugrunde, die sich in keiner Weise mit der Verfassung selbst deckt. Aufschluß über die sich hinter der Verfassung verbergende Wirklichkeit gibt eine Stellungnahme Grotewohls[53]) zu dem Verfassungsentwurf der SED. Darin bezeichnet er die Grundrechte als ein Kernstück der Verfassung, als die fundamentalen Prinzipien der zukünftigen deutschen Staatspolitik[54]). Dem folgt aber unmittelbar die Einschränkung. Es fehlt nicht an mehrfachen Hinweisen der Art, daß die Freiheit des Volkes erst dann verwirklicht werden könne, wenn die Institutionen, die dieser Freiheit im Wege stehen, beseitigt und die Menschen, die sich hinter diesen Institutionen verstecken, entmachtet würden[55]. Grundrechte seien illusorisch, wenn ihnen nicht ein gesellschaftlicher und ökonomischer Zustand entspricht, der ihre Verwirklichung möglich mache. Die erste Aufgabe der Staatsgewalt bestehe darin, solche ökonomischen und politischen Zustände zu schaffen, die auch den realen Genuß der Grundrechte möglich machen[56]). Hier wird ganz offen zum Ausdruck gebracht, daß auf dem Wege der Schaffung der ökonomischen und politischen Zustände Grundrechte nicht wirksam sein können, soweit sie der Schaffung dieser Zustände hinderlich sind. Hinter dieser Auffassung von der Wirksamkeit der Grundrechte steht der in Art. 125 Verfassung der Sowjetunion[57]) fixierte Grundsatz, daß zum Zwecke der Festigung des sozialistischen Systems (Hervorhebung von mir — d. V.) den Bürgern der UdSSR Rede-, Presse- und Versammlungsfreiheit garantiert werden.

Dem Gesagten entspricht es, daß die Bestimmungen der DDV, insbesondere die Grundrechtsnormen, Gesetzesvorbehalte enthalten, auf Grund deren ihr scheinbarer Hauptinhalt — die Gewährleistung für den Bürger — nicht mehr die Hauptsache ist, sondern umgekehrt, die Möglichkeit, diese Gesetze zur Einschränkung gegen den Bürger zu kehren[58]). Für ihn gelten sie nur in dem Rahmen und unter der Voraussetzung, daß er nach Meinung der Machthaber die Freiheiten, wie es Art. 125 Verfassung der SU ausdrückt, zur Festigung des sozialistischen Systems einsetzt und gebraucht. Aus alledem folgt, daß die Verfassung der „DDR" von vornherein ein gewolltes Täuschungsmittel war[59]). Man knüpfte bewußt an die Weimarer Verfassung an, um damit um Vertrauen bei der Bevölkerung zu werben[60]). Diese Feststellung führt aber zu der Erkenntnis, daß für die Begriffsbestimmung des Tatbestandsmerkmals „verfassungsmäßige Staats- oder Gesell-

---

[53]) Verfassungspläne.

[54]) a. a. O., S. 67 f.

[55]) a. a. O., S. 70.

[56]) Verfassungspläne S. 67/68.

[57]) Verfassung der Union der Sozialistischen Sowjetrepubliken i. d. F. vom Februar 1955, zitiert nach Maurach Handbuch.

[58]) Drath, Verfassungsrecht, S. 9.

[59]) Drath, a. a. O., S. 14.

[60]) Drath, Studien des Instituts für Ostrecht, Bd. 1, S. 73.

schaftsordnung“ i. S. des § 13 dem formellen Verfassungsrecht der SBZ keinerlei Bedeutung zukommt. Das, was sich auf Grund der DDV als verfassungsmäßige Staats- und Gesellschaftsordnung darstellt, kann nach dem Willen des Zonengesetzgebers nicht Objekt des § 13 sein. Um dieses Schutzobjekt des § 13 Ziff. 1 zu bestimmen, bedarf es daher einer Besinnung auf die Verfassungswirklichkeit und auf die realen politischen Grundlagen dieses Systems.

Für das Ganze des sowjetzonalen Verfassungssystems gilt die Bemerkung Draths, daß im System der Sowjetzone die geschriebene Verfassung überhaupt nicht die Hauptquelle des Sollens ist, an ihrer Stelle steht ein anderes Normensystem, das von der kommunistischen Partei und ihrer Führung seinen Ursprung nimmt[61]). Die politische Wirklichkeit in der SBZ läßt sich in Ergänzung zu Drath charakterisieren mit einem Zitat aus der sowjetischen Presse[62]). Danach bildet die Politik der Kommunistischen Partei, die die ureigensten Interessen des Volkes vertritt, die L e b e n s g r u n d l a g e (Hervorhebung von mir — d. V.) der sowjetischen Gesellschafts- und Staatsordnung. Was hier für die Lebensgrundlage der Staats- und Gesellschaftsordnung der Sowjetunion gesagt wird, kann die gleiche Geltung für die Staats- oder Gesellschaftsordnung der SBZ beanspruchen. Zwar ist dieser Grundsatz in der DDV im Gegensatz zur Verfassung der SU und einiger Volksdemokratien nicht ausdrücklich festgelegt. So heißt es in Art. 126 der Verfassung der UdSSR[63]) „... die aktivsten und bewußtesten Bürger ... sich freiwillig in der kommunistischen Partei der Sowjetunion vereinigen, ... und den leitenden Kern aller Organisationen der Werktätigen, der gesellschaftlichen sowohl wie der staatlichen bildet.“ Art. 86 Abs. 4 der Rumänischen Verfassung vom 24. September 1952 sieht dementsprechend vor: „Die Rumänische Arbeiterpartei ist die führende Kraft der Organisation der Werktätigen sowie der staatlichen Organe und Institutionen[64]).“ Dort, wo die führende Rolle der KP oder der ihr entsprechenden Parteien, in der SBZ die SED, im Verfassungstext nicht festgelegt ist, wird in offiziellen und offiziösen Äußerungen zum Ausdruck gebracht, daß die politische Macht in den Händen der Partei liegt. So heißt es in dem Lehrbuch des Verwaltungsrechts[65]) in der „DDR“:

> „Die führende Rolle der Partei der Arbeiterklasse, der Sozialistischen Einheitspartei Deutschlands, im Staatsapparat der Deutschen Demokratischen Republik besteht darin, daß sie den führenden Kern der Staatsmacht bildet und mit Hilfe der Organe des Staates ihre Politik, die den Interessen des werktätigen Volkes entspricht und dessen Wünsche und Hoffnungen zum Ausdruck bringt, verwirklicht.“[66])

---

[61]) In Richert Macht ohne Mandat S. X.

[62]) „Presse der Sowjetunion“ Nr. 68 (1958) S. 1447, zitiert nach Schulz, Politische Willensbildung.

[63]) Zitiert nach Maurach Handbuch, S. 366.

[64]) Zitiert nach Verfassungen der Europäischen Volksdemokratien.

[65]) Das Verwaltungsrecht S. 45.

[66]) Weitere Zeugnisse dieser Art siehe „Unrecht als System“ Teil III, S. 13 ff.

„Die Sozialistische Einheitspartei Deutschlands gibt durch ihre Beschlüsse und Direktiven, die in Übereinstimmung mit den Besonderheiten der gesellschaftlichen und ökonomischen Verhältnisse in der Deutschen Demokratischen Republik und unter Berücksichtigung der Erfordernisse des nationalen Kampfes des deutschen Volkes ergehen, allen Organen des Staates in der Deutschen Demokratischen Republik die politische Linie für ihre Arbeit. Sie lenkt die Tätigkeit der Organe der Staatsmacht ...[67]."

Wesentliches Merkmal der verfassungsmäßigen Staats- und Gesellschaftsordnung der SBZ ist, wie sich aus den Selbstzeugnissen ergibt, wie in allen Ostblockstaaten der Führungsanspruch und die führende Rolle der Partei der Werktätigen. Sie bestimmt das gesamte Verfassungsleben, ohne Rücksicht auf und teilweise in eklatantem Widerspruch zu der DDV. Verfassung ist hier nicht als das „System oberster Rechtsnormen des Staates" zu verstehen, sondern als reiner Machtzustand[68]). Für die Untersuchung des Staatsverrats folgt daraus, daß § 13 Ziff. 1, wenn er einen Sinn haben soll, dem Schutz der Gesamtheit der tatsächlichen Machtverhältnisse in der „DDR" dient, die in den Händen der SED liegen. — Dies gilt sowohl für die Gesellschaftsordnung als auch für die Staatsordnung. Die Auffassung Langes[69]), der nur die Gesellschaftsordnung mit der Parteiherrschaft gleichsetzt, ist zu eng. — In der sowjetzonalen Literatur bezeichnet Stiller[70]) in der bisher einzigen ausführlicheren Stellungnahme der Theorie zum Staatsverrat dementsprechend als geschütztes Objekt die Machtverhältnisse der Arbeiter und Bauern in der DDR und ihre politischen und ideologischen Grundlagen in ihrer Gesamtheit. Angriffsgegenstand sei die verfassungsmäßige Staats- und Gesellschaftsordnung. In dieser Beschreibung des Angriffsgegenstandes sieht Stiller[71]) die Bezugnahme auf den Mechanismus der Arbeiter- und Bauern-Macht und besonders auf die Klassenstruktur der „DDR". Von hervorragender Bedeutung sei die Sozialistische Einheitspartei Deutschlands als Kern der Arbeiterklasse[72]). Im einzelnen führt er weiter die zentralen sowie die örtlichen Organe der Staatsmacht, einschließlich der Nationalen Volksarmee, der Organe des Ministeriums für Staatssicherheit und der Justizorgane an. Die Bezeichnung „verfassungsmäßige Staatsordnung" umschließe außerdem „entsprechend unseren historischen Bedingungen, den Staatsaufbau, seine Struktur und die Hauptprinzipien seines Funktionierens sowie sein Grundprinzip, den

---

[67]) Über Form und Mittel, mit denen die Partei ihre Politik im Staatsapparat zur Geltung bringt vgl. Richert, Macht ohne Mandat, Heller, ROW 57, 192 ff.

[68]) Vgl. für das sowj. Staatsschutzrecht Diener, S. 29, der ausführt, daß in der bolschewistischen Staatslehre „Verfassung" als rein tatsächlicher Machtzustand aufgefaßt wird.

[69]) Die Justiz S. 140.

[70]) Staatsverbrechen S. 66.

[71]) a. a. O.

[72]) a. a. O., S. 67.

demokratischen Zentralismus[73]).“ Besonders der Hinweis Stillers auf den den historischen Bedingungen entsprechenden Staatsaufbau beweist die Richtigkeit der oben dargelegten Auffassung, daß im sowjetzonalen System die Verfassung nicht als stabile Ordnung, sondern als ein den jeweiligen historischen Bedingungen entsprechender politischer Zustand betrachtet wird. Zwar wird dies von der zonalen Theorie nicht zugegeben. Gerade auf dem Gebiet der Verfassungslehre scheint man sich der eigenen Fragwürdigkeit bewußt zu sein. Und trotz des nicht zu übersehenden Widerspruchs zwischen formellem Verfassungsrecht und Verfassungswirklichkeit[74]) beruft man sich immer wieder ganz zu Unrecht auf die normative Verfassung. So setzt sich auch Stiller in Widerspruch zu sich selbst, wenn er zusammenfassend feststellt, daß zur verfassungsmäßigen Staats- und Gesellschaftsordnung in der DDR alle den Prinzipien der Verfassung der Republik — wobei er hier offensichtlich mit Verfassung die DDV meint — entsprechenden grundlegenden politischen, ökonomischen und ideologischen Verhältnisse, Organisationen und Einrichtungen gehören, auf Grund deren die Macht der Arbeiterklasse verwirklicht wird[75]). Die von ihm vorher aber als zur verfassungsmäßigen Staatsordnung gehörend aufgeführten Beispiele ergeben sich nicht aus der DDV.

Der Angriffsgegenstand des § 13 Ziff. 1 ist nicht beschränkt auf die verfassungsmäßige Staatsordnung, sondern umfaßt auch die verfassungsmäßige Gesellschaftsordnung. M. E. handelt es sich nicht um ein Nebeneinander von Staatsordnung und Gesellschaftsordnung, wie Lange[76]) zu meinen scheint, sondern um eine Erweiterung des Begriffs Staatsordnung. Offenbar entspricht dies auch der Auffassung Stillers, der in diesem Zusammenhang ausführt, daß mit der Nennung des weitergehenden Begriffs der „verfassungsmäßigen Gesellschaftsordnung“ im Gesetz zum Ausdruck gebracht werden soll, daß die politische Ordnung in ihrer ganzen Breite und damit auch die Blockparteien, die Nationale Front des demokratischen Deutschland, der FDGB, die FDJ, der DFD und die anderen demokratischen Organisationen sowie die sozialistischen Genossenschaften strafrechtlichen Schutz erhalten. Nicht zuletzt gehörten dazu die ökonomischen Grundlagen der Gesellschaftsordnung, das gesellschaftliche Eigentum und die sozialistische Volkswirtschaftsplanung[77]). In den von Stiller hier genannten Organisationen und Institutionen ist herrschend die Partei. Auch in diesem Zusammenhang gilt das oben Gesagte, daß Angriffsgegenstand die von der SED beherrschte politische Ordnung, die Parteiherrschaft ist. Daß es sich bei der Gesellschaftsordnung tatsächlich nur um eine Erweiterung des Begriffs Staatsordnung handelt, ergeben die weiteren Ausführungen Stillers[78]), in denen er unter Bezugnahme auf Römer/

---

[73]) a. a. O.

[74]) Vgl. dazu im einzelnen Drath Verfassungsrecht.

[75]) Staatsverbrechen S. 67/68.

[76]) Die Justiz S. 141.

[77]) Staatsverbrechen S. 67.

[78]) Staatsverbrechen S. 67.

Hennig[79]) als Bestandteil der verfassungsmäßigen Gesellschaftsordnung noch solche Grundrechte ansieht „wie z. B. die Gleichheit der Bürger vor dem Gesetz (Art. 6 der Verf.), die Gleichberechtigung von Mann und Frau (Art. 7), die persönliche Freiheit der Bürger (Art. 8), das Recht auf Arbeit (Art. 15) und das Mitbestimmungsrecht der Werktätigen in den Betrieben (Art. 17)[80]). Hier werden Institutionen als Bestandteil der Gesellschaftsordnung bezeichnet, die nach unserer klassischen Auffassung von den Grundrechten wesentliche Elemente der Staatsordnung sind, da sie, wie schon mehrfach hervorgehoben, dem Individuum eine staatsfreie Sphäre sichern und dem Machtanspruch des Staates Halt gebieten sollen.

Vom sowjetzonalen politischen System aus gesehen ist der weitreichende Schutz, der die Gesellschaftsordnung mit einbezieht, nur konsequent. Staats- und Gesellschaftsordnung können im bolschewistischen System nur als Ganzes verstanden werden. Hier ist die Gesellschaftsordnung ein reines Politikum. Sie ist mit der Staatsordnung untrennbar verbunden. Nach der Theorie des Marxismus-Leninismus muß die Aufspaltung der Gesellschaft in Klassen, die auf den Produktionsverhältnissen beruht, beseitigt werden. Ziel ist die völlige Umgestaltung der Gesellschaft. Diesem Ziel hat der Staat zu dienen. Damit wird die Gesellschaft zum Ausgangspunkt der Staatsordnung, sie gibt der Staatsordnung das Gepräge.

Abschließend kann nochmals festgestellt werden, daß der in § 13 Ziff. 1 als „verfassungsmäßige Staats- oder Gesellschaftsordnung" umschriebene Angriffsgegenstand die tatsächlichen von der SED beherrschten Machtverhältnisse in der SBZ umfaßt. Nur eine solche Auslegung wird dem politischen System der Zone gerecht und steht auch, wie nachgewiesen, in Einklang mit der sowjetzonalen Theorie.

a_2) Die Tathandlung des § 13 Ziff. 1 besteht neben dem gewalttätigen Angriff — dem charakteristischen Merkmal des klassischen Hochverratsbegriffs — auf den beschriebenen Angriffsgegenstand in dessen Beseitigung durch planmäßige Untergrabung. Mit der Aufnahme auch der gewaltlosen Beseitigung der politischen Grundlagen in den Tatbestand des schwersten Staatsverbrechens als gleich schweres Angriffsmittel kennzeichnet der Zonengesetzgeber die heutige Situation im politischen Kampf, wie sie sich aus den historischen Beispielen der letzten Jahrzehnte ergibt. Umsturzbewegungen vollziehen sich heute nicht mehr in dem Maße mit Mitteln der Gewalt, sondern vielmehr auf gewaltlosem Weg. Und diese Form des Angriffs ist für die innere Existenz des Staates nicht weniger gefährlich als der gewalttätige Angriff, die Revolution. Zu dem Begriff „untergraben" i. S. des § 13 Ziff. 1 haben, soweit ersichtlich, bisher weder Theorie noch Praxis besonders Stellung genommen. Man wird aber wohl davon ausgehen können, daß die Aus-

---

[79]) Die Verbrechen gegen die DDR zitiert nach Stiller, S. 67 Anm. 78.

[80]) Es ist bezeichnend, daß in der wenn auch nur beispielhaften Aufzählung der im Rahmen der Gesellschaftsordnung geschützten Grundrechte das Recht auf Arbeit und das Mitbestimmungsrecht genannt das Recht der Meinungs- u. Redefreiheit aber nicht erwähnt werden.

legung dieses Tatbestandsmerkmals in etwa der des BGH entsprechen würde, wonach „untergraben" jede Tätigkeit ist, die auf Beseitigung, Änderung oder Erschütterung eines Zustandes gerichtet ist[81]). Der entscheidende Gegensatz, der gefährliche Unterschied zwischen dem Staatsschutzrecht der BR und dem der SBZ in der Strafbarkeitserklärung der Untergrabung besteht darin, daß letzteres die Untergrabung der Staats- oder Gesellschaftsordnung ganz allgemein unter Strafe stellt, während nach den §§ 90 ff. StGB BR sich die Strafdrohung gegen die Untergrabung im Gesetz genannter fundamentaler Verfassungsgrundsätze richtet, die auch für den legalen politischen Kampf tabu sind. Mit Rücksicht auf die oben geschilderten Verfassungsverhältnisse in der SBZ wäre jedoch eine solche Beschränkung sinnlos und würde nicht der ratio legis entsprechen.

Nach dem Wortlaut des § 13 Ziff. 1 ist strafbar die planmäßige Untergrabung. Durch das Moment der Planmäßigkeit scheint die Strafbarkeit der Untergrabung eine gewisse Einschränkung zu erfahren, denn planmäßig ist ein Handeln dem Wortsinn nach dann, wenn es für eine gewisse Dauer geplant ist und sich fortgesetzt über einen größeren oder kleineren Zeitraum erstreckt. Gerade dies wird aber von der Zonenrechtsprechung für die Strafbarkeit der planmäßigen Untergrabung nicht gefordert, sondern ausdrücklich abgelehnt. So hat das OG[82]) im Zusammenhang mit der „planmäßig begangenen Hetze" nach § 19 Abs. 3 ausgeführt, daß „planmäßiges Handeln weder fortgesetztes noch mehrfaches Handeln überhaupt" voraussetzt. Damit ist die Möglichkeit gegeben, jede einzelne zusammenhanglose gegen die SED gerichtete Tätigkeit als Untergrabung zu verfolgen.

b) Angriffsgegenstand des § 13 Ziff. 2 ist die verfassungsmäßige Tätigkeit der obersten Staatsorgane wie des Staatsrates der Republik, seines Vorsitzenden oder seiner Stellvertreter, seiner Mitglieder oder seines Sekretärs[83]), des Präsidenten der Volkskammer, der Länderkammer und des Ministerrates. Da die genannten Organe in ihrer Tätigkeit Teil der Staatsordnung sind, scheint hier eine Überschneidung mit § 13 Ziff. 1 vorzuliegen. Während jedoch § 13 Ziff. 1 neben dem gewaltsamen auch den gewaltlosen Angriff auf die Staatsordnung unter Strafe stellt, ist gemäß § 13 Ziff. 2 nur die gewaltsame Behinderung der erwähnten Staatsorgane in ihrer Tätigkeit strafbar. Der Schutz der Länderkammer ist inzwischen überflüssig geworden, da die Länderkammer durch Gesetz vom 11. 12. 1958[84]) aufgelöst wurde.

---

[81]) BGH 4, 291.

[82]) OG NJ 58, 287 im Anschluß an OG NJ 58, 175.

[83]) § 13 StEG i. d. F. vom 11. 12. 57 stellte die Behinderung des „Präsidenten der Republik" unter Strafe. Nach dem Tode Wilhelm Piecks wurde durch Gesetz vom 12. 9. 1960, GBl. I, 53, der Staatsrat gebildet, der die Aufgaben des Präsidenten wahrnimmt. Durch AnpassungsG vom 4. 10. 1960, GBl. I, 532, wurde § 13 StEG entsprechend geändert.

[84]) GBl. I S. 867.

c) § 13 Ziff. 3 stellt die territoriale Integrität der SBZ unter strafrechtlichen Schutz. Hierzu führt Stiller[85]) aus, daß diese Strafvorschrift gleichfalls gegen die westdeutschen Agressionsgelüste und deren Vertreter gerichtet sei, die die DDR der Bundesrepublik eingliedern und zum NATO-Aufmarschgebiet machen wollten.

d) Wie die noch zu erörternden Verbrechen der Spionage (§ 14), staatsgefährdenden Gewaltakte (§ 17), Angriffe gegen die örtlichen Staatsorgane (§ 18), Abwerbung (§ 21), Diversion (§ 22) und Sabotage (§ 23) ist der Staatsverrat als Unternehmensdelikt ausgestaltet.

d_1) Auch das Staatsschutzrecht der BR enthält den Begriff des Unternehmens. In § 87 StGB BR wird das Unternehmen definiert als Vollendung und Versuch. Danach ist das Unternehmensdelikt schon vollendet, wenn sich bei Zugrundelegung der allgemeinen Regeln über das Verbrechensstadium die Handlung nur als Versuch darstellen würde. Aus dem Gesetz geht aber auch eindeutig hervor, daß Vorbereitungshandlungen im Rahmen der Unternehmenstatbestände nicht unter Strafe gestellt sind. Die Definition des geltenden § 87 StGB BR geht zurück auf § 87 RStGB in der Fassung der Novelle von 1934[86]). Durch diese Bestimmung wurde der auf Grund § 83 RStGB von 1871 in Rechtsprechung und Lehre entstandene Streit, welches Deliktsstadium unter den Begriff des Unternehmens falle, beendet. Gemäß § 82 RStGB von 1871, der dem § 62 des Preuß StGB von 1852 entsprach, galt als Unternehmen, durch welches das Verbrechen des Hochverrats vollendet wurde, jede Handlung, durch welche das Vorhaben unmittelbar zur Ausführung gebracht werden sollte. Diese gesetzliche Definition gab zu Zweifeln Anlaß, ob das Unternehmen i. S. des § 82 RStGB außer der Vollendung auch den Versuch — so die herrschende Lehre und Rechtsprechung[87]) — oder nur die unmittelbar der Vollendung vorausgehenden Versuchshandlungen[88]) oder aber auch die letzten Vorbereitungshandlungen[89]) umfasse. Der Gesetzgeber der Strafrechtsnovelle von 1934 und ihm folgend das 1. StÄG vom 30. 8. 1951[90]) schlossen sich mit Recht der ersten Auffassung an, die auch de lege ferenda[91]) gilt. Schon der Code penal von 1832 definierte den dem Unternehmen entsprechenden Begriff „attentat“ als „L'execution ou la tentative“, klammerte die Vorbereitungshandlung also aus. Auch das russische StGB von 1903[92]) erwähnt in den §§ 99 und 100 als Unternehmen die Vollendung und den Versuch.

Der historische Überblick hat gezeigt, daß die Ausgestaltung bestimmter

---

[85]) Staatsverbrechen S. 70.

[86]) RGBl. I S. 341.

[87]) van Calker VDB I, S. 40 Binding, Lehrbuch II, S. 446 f.; RGSt. 42, 266; 56, 173 (175).

[88]) Frank § 82, Anm. IV.

[89]) v. Liszt-Schmidt, § 44 Anm. III, Köhler, GA 51, 140.

[90]) BGBl. I, 739.

[91]) Entw. 60 § 11, Abs. 1 Ziff. 3.

[92]) Nach der Übersetzung von Bernstein Anhang ZStW Bd. 28.

Staatsverbrechen als Unternehmensdelikt europäischer Rechtstradition entspricht und daß der heute dem StGB BR zugrunde liegende Unternehmensbegriff spätestens seit dem Code penal Gesetzgebung, Rechtsprechung und Schrifttum beherrscht.

d_2) Während das Staatsschutzrecht der BR an der überkommenen Auffassung vom Unternehmensbegriff festhält, hat der Begriff des Unternehmens in der SBZ eine vollständige Inhaltswandlung erfahren.

Der den Staatsschutz der „DDR" bis zum Inkrafttreten des StEG regelnde Art. 6 DDV ist nicht als Unternehmenstatbestand gefaßt. Die erste Stellungnahme zum Unternehmensbegriff erfolgte in der sowjetzonalen Judikatur zu Befehl Nr. 160 der SMAD gegen Diversion und Sabotage. In dem Dessauer Urteil folgert das OG[93]) aus der Übersetzung „bezwecken", daß das Verbrechen der Sabotage nicht nur bei seiner Vollendung, sondern als Unternehmen bestraft wird. Wörtlich heißt es in den Gründen: „Die Übersetzung ‚bezwecken' bringt besonders deutlich zum Ausdruck, daß der erstrebte Erfolg der Tat nicht eingetreten zu sein braucht, hierdurch wird der besondere Charakter des Verbrechens der Sabotage gekennzeichnet, das nicht nur bei seiner Vollendung, sondern als Unternehmen bestraft wird." Mit der Frage, welche Stadien von dem Begriff des Unternehmens erfaßt werden, setzt sich das Urteil jedoch nicht auseinander, und es bestand keinerlei Grund zu der Annahme, daß das OG hier von der Definition des durch KRG Nr. 11 aufgehobenen § 87 RStGB, daß das Unternehmen den Versuch und die Vollendung umfasse, abweichen wollte. Dennoch nahm H. Benjamin[94]) dieses Urteil zum Anlaß, die Auffassung des Ostberliner KG[95]), daß das Unternehmen außer Versuch und Vollendung auch die Vorbereitungshandlung treffe, zu stützen. In dem genannten Urteil stellt das Ostberliner KG fest, daß es sich bei § 4 der VO des Magistrats von Groß-Berlin zum Schutz des innerdeutschen Handels vom 29. 4. 1950 um ein Unternehmensdelikt handle, dessen gesetzlicher Tatbestand bereits Vorbereitungshandlungen für das vollendete Delikt als ausreichend bestimmt. Tatsächlich sagt aber § 4 der genannten VO nichts über die vom Unternehmen erfaßten Deliktsstadien aus. Eine Begründung für seine Auffassung gibt das KG in dem Urteil nicht. Von H. Benjamin wird in der Anmerkung[96]) zu dem Urteil als Begründung angeführt, daß als Unternehmen solche Verbrechen unter Strafe gestellt werden, die einen besonders gefährlichen Charakter für die antifaschistisch-demokratische Grundordnung tragen. Diese müßten bereits im Keim erfaßt und ihrer Gefährlichkeit entsprechend schon in diesem Stadium bestraft werden. Das könne aber nur der Fall sein, wenn auch die Vorbereitungshandlungen unter den Begriff des Unternehmens fallen. Dieser Auffassung schloß sich das OG an und stellte in der Begründung

---

[93]) OGE 1, 30.
[94]) NJ 51, 430.
[95]) NJ 51, 428.
[96]) a. a. O.

zu der Richtlinie Nr. 4[97]) zu § 2 HSchG a. F.[98]) fest, der Begriff des Unternehmens umfasse „die einzelnen Stadien der Begehung eines Verbrechens — Vorbereitungshandlung, Versuch, Vollendung — und führt zur Bestrafung wie das vollendete Verbrechen."

Die erörterte sowjetzonale Judikatur bezog sich auf die Delikte, die vom Tatbestand als Unternehmensdelikte gekennzeichnet sind. Wie bereits erwähnt, ist in Art. 6 DDV der Begriff des Unternehmens nicht enthalten. Die Strafbarkeit der Vorbereitungshandlung im Rahmen des Art. 6 DDV leitet das OG[99]) im Anschluß an H. Benjamin[100]) daraus ab, daß den Verbrechen nach Art. 6 wegen ihrer besonderen Gefährlichkeit der strafrechtliche Charakter eines Unternehmens zuzuerkennen ist. In demselben Urteil heißt es aber einige Sätze vorher: „Es würde gegen den besonderen Zweck, der gerade durch die Aufnahme eines Strafgesetzes in das Grundgesetz unseres Staates zum Ausdruck kommt, verstoßen und die Gefährlichkeit des durch ihn gekennzeichneten Tatbestandes außer acht lassen, wenn nicht auch Vorbereitungshandlungen erfaßt werden. Die bei Gesetzen dieses Gewichts sonst bisher üblich gewesene besonders ausgesprochene Strafbarkeit von Vorbereitungshandlungen ist daher hier u n m i t t e l b a r (Hervorhebung von mir — d. V.) dem Art. 6 der Verfassung zu entnehmen." Hier liegt, wie auch Lekschas[101]) zutreffend feststellt, ein Widerspruch vor, insofern als das Gericht zur Rechtfertigung der Strafbarkeit der Vorbereitungshandlung zwei verschiedene Begründungen gibt. Einmal stellt es fest, daß den Verbrechen der strafrechtliche Charakter eines Unternehmens zuzuerkennen sei, was der Auffassung H. Benjamins entspricht. Gleichzeitig entnimmt es die Strafbarkeit der Vorbereitungshandlung unmittelbar dem Charakter des Art.6 DDV. Diese Ansicht wird von Lekschas geteilt, der die Unternehmensverbrechen z. B. § 2 HSchG a. F. neben die Staatsverbrechen stellt[102]). In seiner Kritik an dem zitierten Urteil bezeichnet er es als „überflüssig und irreführend, wenn das Oberste Gericht die Tatsache, daß nach Art. 6 der Verfassung bereits dasjenige objektive verbrecherische Verhalten als vollendetes Verbrechen zu bestrafen ist, das eine erste Verwirklichung der bestimmten verbrecherischen Zwecksetzung darstellt, auf dem Umweg über den Begriff des Unternehmens zu erklären versucht und in diesem Zusammenhang von ‚Vorbereitungshandlung zu Verbrechen gegen Art. 6' der Verfassung spricht. Der Umfang der Strafbarkeit von Verbrechen nach Art. 6 der Verfassung ergibt sich nicht aus dem Unternehmensbegriff, sondern lediglich — wie das OG an einer anderen Stelle dieses Urteils selbst ausführt — unmittelbar aus dem Charakter des Art. 6 der Verfassung selbst." In

---

97) OGE 3, 18 (21).

98) Der durch § 39 StEG geänderte § 2 HSchG ist nicht mehr als Unternehmenstatbestand gefaßt, sondern stellt ausdrücklich den Versuch unter Strafe.

99) OGE 2, 9 (11).

100) NJ 51, 430.

101) Lehrbuch S. 419.

102) a. a. O., S. 418 f.

dem kurze Zeit später ergangenen Urteil gegen Burianek u. a. rechtfertigt der gleiche Senat[103]) die Strafbarkeit der Vorbereitungshandlung im Rahmen der Verbrechen nach Art. 6 DDV wiederum mit dem Unternehmenscharakter dieser Delikte. Diese Auffassung ist als die jetzt herrschende anzusehen. Dementsprechend hat der Gesetzgeber des StEG — offensichtlich um die erörterten Unklarheiten in der Begründung der Strafbarkeit der Vorbereitungshandlungen im Rahmen der Staatsverbrechen in Zukunft zu vermeiden — bei den gefährlichsten Staatsdelikten auf die Konstruktion als Unternehmenstatbestand zurückgegriffen. Es hätte jedoch nahegelegen, in das StEG eine Legaldefinition des Unternehmens aufzunehmen. So begnügt man sich, in offiziösen Stellungnahmen zum StEG auf den von der „sozialistischen Strafrechtswissenschaft entwickelten und in der Praxis erprobten"[104]) Begriff des Unternehmens hinzuweisen. Bei der Definition des Unternehmens verweist Stiller[105]) auf die Definition Lekschas'[106]), wonach bereits das objektive Verhalten als vollendetes Verbrechen zu behandeln ist, das Voraussetzungen bzw. günstige Bedingungen für die Verwirklichung des im Tatbestand gekennzeichneten verbrecherischen Endzweckes schafft. De lege ferenda empfiehlt Stiller[107]) die gesetzliche Formulierung entsprechend der gegenwärtigen Praxis. In der o. a. Definition vermeidet Lekschas die Begriffe Vorbereitungshandlung und Versuch. In seiner Kritik[108]) an der Richtlinie Nr. 4 des OG[109]) bezeichnet er die Verwendung dieser Begriffe als irreführend mit der Begründung, daß sie „zur Verwirrung in der Praxis und in der Endkonsequenz zu einer falschen Anwendung der Gesetze führen kann", denn „aus ihnen ergeben sich bestimmte gesetzliche Bestrafungsregeln[110])". Durch die Ausschaltung der Begriffe Vorbereitungshandlung und Versuch im Zusammenhang mit dem Unternehmensbegriff will Lekschas offensichtlich einer möglichen Anwendung der §§ 43 ff. StGB durch die Praxis vorbeugen. Diesem Gedankengang folgend führt auch Stiller[111]) aus, daß vom Gesetz her die Möglichkeit des strafbefreienden Rücktritts, wie er in § 46 StGB geregelt ist, ausgeschlossen sei. Das Problem, ob bei Unternehmensdelikten § 46 StGB eingreift oder nicht, ist nicht neu. Es wurde schon im Zusammen-

---

103) OGE 2, 37 (67, 72).

104) Vgl. Stiller Staatsverbrechen S. 60; vgl. dazu aber die neueren grundlegenden Ausführungen Stillers, NJ 61, 705 ff. „Zur Strafbarkeit des Unternehmens im künftigen StGB", in denen er insbesondere auf die Notwendigkeit hinweist, den Begriff des Unternehmens zu überprüfen und gesetzlich zu fixieren, weil die anerkannte Begriffsbestimmung nicht genügend objektive Merkmale enthalte.

105) a. a. O.

106) Lehrbuch S. 418.

107) Staatsverbrechen S. 126.

108) Lehrbuch S. 419.

109) Vgl. S. 30, Anm. 1).

110) Lehrbuch S. 419.

111) Staatsverbrechen S. 60.

hang mit § 82 RStGB i. d. F. von 1871 diskutiert[112]). Auch zu § 87 StGB BR bestehen noch Meinungsverschiedenheiten über die sich aus der Gleichstellung von Versuch und Vollendung ergebenden Rechtsfolgen. Nach h. M[113]) schließt die Gleichstellung die Anwendung der §§ 43 ff. StGB auf die Unternehmensdelikte aus, § 46 StGB kann also nicht eingreifen. Demgegenüber wird vereinzelt die Auffassung vertreten, daß bei den Unternehmenstatbeständen lediglich hinsichtlich des Strafmaßes eine Gleichstellung von Versuch und Vollendung gegeben sei, also nur § 44 StGB ausgeschaltet werde, während § 46 StGB sehr wohl zum Zuge komme[114]). Danach wäre also Versuch des Versuchs begrifflich möglich.

Durch die insofern neutrale Definition Lekschas' wird diese dogmatische Streitfrage ausgeschlossen. Zwar wäre Versuch des von Lekschas umschriebenen Verhaltens abstrakt möglich. Das würde aber bedeuten, daß Handlungen, die noch nicht einmal Vorbereitungshandlungen darstellen und insoweit auch für die zonale Theorie strafrechtlich irrelevant sind, in diesem Fall strafrechtlich relevant werden. Dies wird aber auch von Lekschas abgelehnt, was deutlich wird, wenn er bemerkt, „Da bei den Verbrechen nach Art. 6 der Verfassung und den Unternehmensverbrechen bereits das früheste Stadium der Verwirklichung des verbrecherischen Zweckes als vollendetes Verbrechen unter Strafe gestellt wird, sind Vorbereitung und Versuch zu solchen Verbrechen als einer besonderen rechtlichen Regelung unterliegende Entwicklungsstadien unmöglich"[115]). Es ist daher auch ganz konsequent, wenn Stiller für die Unternehmensdelikte die Möglichkeit des strafbefreienden Rücktritts gemäß § 46 StGB verneint.

In gleichem Zusammenhang weist Stiller darauf hin, daß lediglich unter der Voraussetzung des § 9 Ziff. 2 StEG keine Bestrafung erfolge[116]).

§ 9 sieht vor: Eine Bestrafung erfolgt nicht,

1. wenn zur Zeit der Durchführung des Strafverfahrens die Tat nicht mehr als gesellschaftsgefährlich anzusehen ist,

oder

2. wenn nach der Tat im gesamten Verhalten des Täters eine grundlegende Wandlung eingetreten ist, die erwarten läßt, daß er die sozialistische Gesetzlichkeit achten wird.

Es handelt sich hier um einen generellen, unserem Recht fremden Strafbefreiungsgrund, der bei vollendetem Verbrechen eingreift, und zwar obli-

---

112) Näher siehe Frank § 43, Anm. II, 2 b, § 105, Anm. II.

113) Schönke-Schröder, Anm. V 3 vor § 43, § 46 Anm. I 3; Jagusch in LK § 46, Anm. VI 3; Dreher-Maassen, § 43, Anm. 5, § 46, Anm. 5; Maurach AT § 41 I C 2 a; vgl. auch Begründung zu § 368 E 60.

114) Kohlrausch-Lange § 46 Anm. IV, 1, allerdings in Widerspruch zu § 87 Anm. III.

115) Lehrbuch S. 419.

116) Staatsverbrechen S. 60.

gatorisch[117]), und Folge des in § 8 StEG[118]) gesetzlich festgelegten materiellen Verbrechensbegriffs ist. Nach der dem sowjetischen Strafrecht entnommenen materiellen Verbrechensdefinition ist wesentliches Merkmal der Straftat die Gesellschaftsgefährlichkeit der Handlung. Während Art. 6 StGB RSFSR den von jeder Tatbestandsbindung gelösten „klassischen" materiellen Verbrechensbegriff aufstellte[119]):

> Als sozialgefährlich gilt jede Handlung oder Unterlassung, die sich gegen das Sowjetsystem richtet oder die Rechtsordnung verletzt, die vom Regime der Arbeiter und Bauern für die Zeit des Übergangs zur kommunistischen Gesellschaftsordnung errichtet ist,

und damit die „Entfesselung der Strafgewalt des totalitären Staates"[120]) ermöglichte, wirkt sich die Übernahme des materiellen Delikts in § 8 StEG zugunsten des Angeklagten aus. Offenbar hat man unter dem Einfluß der Diskussion in der sowjetischen Strafrechtswissenschaft[121]) auf die Übernahme eines dem Art. 6 StGB RSFSR entsprechenden Generaltatbestandes verzichtet. Der Auffassungswandel in der sowjetischen Strafrechtstheorie hinsichtlich des Verbrechensbegriffs hat in den Grundlagen für die Strafgesetzgebung der Union der SSR und der Unionsrepubliken v. 25. 12. 1958 seinen gesetzlichen Niederschlag gefunden. In Art. 7 dieses Gesetzes ist deutlich eine Verlagerung vom tatbestandsgelösten zum tatbestandsgebundenen Deliktsbegriff zu erkennen[122]). In Art. 7 Abs. 1 wird die Strafbarkeit der gesellschaftsgefährlichen Handlung von der Verletzung eines formellen Tatbestandes abhängig gemacht: „Als Verbrechen wird eine vom Strafgesetz vorgesehene gesellschaftsgefährliche Handlung (Tun oder Unterlassen) angesehen, ...". Dies bedeutet jedoch keine Abkehr vom materiellen Deliktsbegriff. Entscheidend für die Beurteilung, ob eine Straftat vorliegt, ist immer noch das diesem Verbrechensbegriff immanente Kriterium der Gesellschaftsgefährlichkeit, was sich argumentum e contrario aus dem dem § 8 Abs. 1 StEG entsprechenden Art. 7 Abs. 2 Grundlagen ergibt: „Ein Tun oder Unterlassen ist, auch wenn es formal die Merkmale irgendeiner im Strafgesetz vorgesehenen Handlung enthält, kein Verbrechen, wenn es wegen Gering-

---

[117]) Auf Beschluß der zonalen Strafrechtskommission soll § 9 Ziff. 2 de lege ferenda in eine Kann-Vorschrift umgewandelt werden, vgl. NJ 58, 814 (818).

[118]) „Eine Straftat liegt nicht vor, wenn die Handlung zwar dem Wortlaut eines gesetzlichen Tatbestandes entspricht, aber wegen ihrer Geringfügigkeit und mangels schädlicher Folgen für die Deutsche Demokratische Republik, den sozialistischen Aufbau, die Interessen des werktätigen Volkes sowie des einzelnen Brügers nicht gefährlich ist."

[119]) Art. 6, StGB RSFSR, Art. 7 Grundlagen SU; zum materiellen Verbrechensbegriff im StGB RSFSR siehe Maurach, System, S. 93 ff.

[120]) Maurach ROW 57, 138.

[121]) Dazu Maurach ROW, 57, 137 ff.

[122]) Vgl. dazu Dirnecker ROW 59, 64.

fügigkeit keine gesellschaftliche Gefahr darstellt[123]).“ Das StEG enthält eine dem Art. 7 Abs. 1 Grundlagen korrespondierende Verbrechensdefinition nicht. Es sind jedoch auch in der Zone Bestrebungen vorhanden, die de lege ferenda die Aufnahme einer solchen Definition in das StGB befürworten[124]).

Für die Untersuchung der Staatsverbrechen scheidet § 8 StEG naturgemäß aus, da bei diesen Delikten zum Zeitpunkt der Tat immer die Gesellschaftsgefährlichkeit gegeben ist und infolgedessen bei Verletzung eines formellen Tatbestandes ein Verbrechen vorliegt. Anderes gilt für § 9. Voraussetzung für die Anwendung des § 9 ist, wie sich aus den obigen Ausführungen ergibt, daß im Augenblick der tatbestandsmäßigen[125]) Handlung die Tat gesellschaftsgefährlich und somit ein Verbrechen war. Lediglich die Strafbarkeit der verbrecherischen Handlung entfällt; und zwar nach § 9 Ziff. 1, wenn die Tat zur Zeit der Durchführung des Verfahrens nicht mehr als gesellschaftsgefährlich anzusehen ist. Diese Bestimmung stellt auf die dem bolschewistischen System eigene Dynamik des politisch gesellschaftlichen Entwicklungsprozesses ab. In ihr wird die sowjetzonale Auffassung über das Verhältnis von Tatschuld und Strafe, von der Funktion der Strafe überhaupt, erkennbar. Da die Tat infolge veränderter gesellschaftlicher Verhältnisse nicht mehr als gesellschaftsgefährlich angesehen wird, ist eine Strafe nicht mehr erforderlich, „verliert die für ein in der Vergangenheit begangenes Verbrechen auszuwerfende Strafe ihren Sinn. Der Notwendigkeitszusammenhang ist gestört, die Strafe hat für den Verbrecher und die Gesellschaft ihren Sinn verloren. Die Nichtbestrafung des Handelnden ist deshalb die richtige Konsequenz des sozialistischen Gesetzgebers, sie fördert den Bewußtseinsbildungsprozeß“[126]). Dies kommt einem Anerkenntnis nur der Präventivfunktion der Strafe gleich. Das der Strafe nach unserer Rechtsauffassung ebenfalls innewohnende, sich an der Tatschuld orientierende Sühnemoment wird hier geleugnet.

Nach § 9 Ziff. 2 entfällt die Strafbarkeit, wenn nach der Tat im Verhalten des Täters eine grundlegende Wandlung eingetreten ist, die erwarten läßt, daß er die sozialistische Gesetzlichkeit achten wird, d. h. mit anderen Worten, daß er nicht mehr als gesellschaftsgefährlich anzusehen ist. Ausgangspunkt der Bestrafung bzw. Nichtbestrafung ist nicht die gefährliche Tat, sondern die Gefährlichkeit bzw. Ungefährlichkeit des Täters, und zwar nicht

---

[123]) Inwieweit es sich hierbei, wie Maurach ROW 57, 138 meint, um eine Verschiebung der mit § 153 StPO zusammenhängenden Verfahrensfragen auf die Ebene des materiellen Rechts handelt, bedürfte noch einer eingehenden Prüfung.

[124]) Vgl. Schmidt NJ 58, 632.

[125]) „Tatbestandsmäßig“ wird hier als die Verwirklichung der im Gesetz aufgeführten Tatbestandsmerkmale verstanden. Auf die in allen sich am materiellen Deliktsbegriff orientierenden Rechtssystemen stattfindende Diskussion (bes. in der SU, Polen, Zone), ob das Vorliegen der Gesellschaftsgefährlichkeit die Handlung erst zu einer tatbestandsmäßigen macht, soll hier nicht eingegangen werden. Gelöst ist die Frage, soweit ersichtlich, bis jetzt noch nicht.

[126]) Orschekowski/M. Benjamin NJ 58, 818.

wie sie sich in der Tat manifestiert hat, sondern seine gegenwärtige Gefährlichkeit.

Wie § 8 StEG hat auch § 9 seinen Vorläufer im StGB RSFSR, in Art. 8, der auch in die Grundlagen SU (Art. 43) wieder aufgenommen worden ist[127]). Zutreffend weist Schroeder[128]) darauf hin, daß man mit Art. 6 Anm. und Art. 8 StGB RSFSR die nötige Unabhängigkeit gewonnen hatte, den gestrauchelten Proletarier von der Verantwortung für die begangene Tat zu befreien. So bietet auch § 9 Ziff. 2 StEG die Möglichkeit, den politischen Funktionär, den Aktivisten straffrei ausgehen zu lassen[129]).

Wie oben dargelegt, erfolgt nach Stiller im Rahmen der Unternehmenstatbestände lediglich unter der Voraussetzung des § 9 Ziff. 2 keine Bestrafung. Nur unter der Voraussetzung des § 9 Ziff. 2 entfalle bei Staatsverbrechen das Interesse des Arbeiter- und Bauern-Staates an einer Bestrafung und damit die Notwendigkeit einer staatlichen Zwangsmaßnahme. Der Täter müsse sich also nicht nur von seiner verbrecherischen Tätigkeit abwenden, sondern diese Wandlung erkennen lassen[130]). Das wird, wie Stiller weiter ausführt, „der Fall sein, wenn er einen Beitrag zur Festigung unseres Staates durch aktives Handeln leistet, so z. B. wenn der Täter mithilft, das Agentennetz der imperialistischen Geheimdienste usw. zu zerschlagen.“ Den Ausführungen Stillers ist nicht zu entnehmen, ob als Strafbefreiungsgrund n u r § 9 Ziff. 2 eingreift oder ob ggf. auch § 9 Ziff. 1 Anwendung findet. Die Tatsache, daß er nur § 9 Ziff. 2 erörtert, kann darauf beruhen, daß seine diesbezüglichen Erörterungen in Zusammenhang mit § 46 StGB stehen und er lediglich den zwischen beiden Normen und ihrer Anwendung bestehenden Unterschied aufzeigen will. Vom Gesetz her ist auch im Zusammenhang mit den Staatsverbrechen eine Beschränkung auf § 9 Ziff. 2 nicht gegeben. Die Anwendung des § 9 Ziff. 1 auch auf diese Fälle würde auch nicht der ratio legis widersprechen. Es lassen sich sehr wohl Handlungen denken, die infolge ihrer Tatbestandsmäßigkeit und Gesellschaftsgefährlichkeit Staatsverbrechen sind, aber mit Rücksicht auf veränderte politische Verhältnisse zur Zeit der Durchführung des Verfahrens nicht mehr als gesellschaftsgefährlich anzusehen sind. So begeht gemäß § 13 Ziff. 2 Staatsverrat, wer es unternimmt, die verfassungsmäßige Tätigkeit der Länderkammer unmöglich zu machen oder zu behindern. Durch Gesetz vom 11. 12. 1958[131]) ist aber die Länderkammer aufgelöst und ihr Schutz infolgedessen überflüssig geworden. Zweifellos war aber ein vor Erlaß des genannten Gesetzes begangener Angriff auf die Länderkammer Staatsverrat. Diese Handlung kann jedoch zur Zeit eines nach dem 11. 12. 58 durchgeführten Verfahrens nicht mehr als gesellschaftsgefährlich angesehen werden, so daß Strafbefreiung gemäß § 9 Ziff. 1 eintreten müßte und zwar zwingend. Da bisher zu diesem

---

[127]) Zu Art. 8 StGB RSFSR siehe Maurach System S. 119 f.

[128]) Das Strafrecht der UDSSR de lege ferenda, S. 12.

[129]) Lange Die Justiz, S. 130.

[130]) Staatsverbrechen S. 60.

[131]) GBl. I, S. 867.

Problem weder von der Theorie noch von der Praxis Stellung genommen worden ist, muß die Frage nach der praktischen Anwendung auch des § 9 Ziff. 1 auf Staatsverbrechen offenbleiben.

Zu welcher Ausdehnung des staatlichen jus puniendi gerade im Rahmen der politischen Delikte die Einbeziehung der Vorbereitungshandlung in den Unternehmensbegriff führt, liegt auf der Hand. Die der Strafgewalt durch den Tatbestand gesetzten Grenzen sind damit eingerissen. Dies gilt besonders mit Rücksicht darauf, daß die Vorbereitungshandlung ganz allgemein — also auch die entfernteste und unbestimmteste — der Strafbarkeit wie das vollendete Verbrechen unterliegt. Auch wenn nach der Definition Lekschas' das Verhalten als vollendetes Verbrechen zu behandeln ist, „das Voraussetzungen bzw. günstige Bedingungen ... schafft", kann darin noch keine Beschränkung gesehen werden. Hinzu kommt, daß hinsichtlich des „unternommenen" Delikts Bestimmtheit nicht verlangt wird. Es ist also keinesfalls erforderlich, daß die Handlung auf ein bestimmtes Unternehmen gerichtet ist, wie dies im Anschluß an die Besprechung des RG in § 81 StGB BR für die Strafbarkeit der Vorbereitung des hochverräterischen Unternehmens gefordert wird.

Durch die völlige Umgestaltung des Unternehmensbegriffs haben sich die Zonenmachthaber ein wirksames Instrument geschaffen, mit Hilfe dessen auch demjenigen gegenüber die staatliche Zwangsgewalt ausgeübt werden kann, der dem Regime zwar ablehnend gegenübersteht, aber seine ablehnende Haltung nicht in offener Feindschaft durch einen Angriff auf das Regime zum Ausdruck gebracht hat. Das aber bedeutet reines Gesinnungsstrafrecht. Durch die Ausgestaltung als Unternehmensdelikte werden die im Verhältnis zu Art. 6 DDV scheinbar konkret gefaßten Staatsschutznormen des StEG so aufgelockert, daß damit der Boden der Tatbestandsbestimmtheit verlassen wird.

e) Die im Gesetz für Staatsverrat angedrohte Regelstrafe ist Zuchthaus nicht unter fünf Jahren und Vermögenseinziehung.

e_1) Bei dem Verbrechen des Staatsverrats ist die Vermögenseinziehung als Zusatzstrafe obligatorisch vorgesehen. Diese, unserem Recht fremde, Strafart ist ebenfalls aus dem sowjetischen StGB übernommen worden, das bei nahezu allen Staatsdelikten völlige, bei einigen teilweise Vermögenseinziehung vorsieht. Diese Regelung ist auch in das sowjetische Gesetz über die strafrechtliche Verantwortlichkeit für Staatsverbrechen vom 25. 12. 1958[132]) eingegangen. In die sowjetzonale Praxis fand die Vermögenseinziehung als Strafe Eingang durch die KRD Nr. 38[133]). Sie stellt, wie schon angedeutet, ein wirksames Mittel zur Beschleunigung des Sozialisierungsprozesses dar, denn durch sie wird die Möglichkeit geschaffen, Vermögen entschädigungslos zu enteignen. Von der zonalen Theorie[134]) wird sie als wichtige Zusatzstrafe bezeichnet und gilt als eine der schwersten Zusatzstrafen im Strafensystem.

---

132) Deutsch in RwID 59, Spalte 63 ff.

133) Siehe oben S. 4 f.

134) Renneberg in Lehrbuch, S. 592.

Ihre Wirkung ist dinglicher Art, d. h. mit Rechtskraft des Urteils geht das Eigentum des Verurteilten ipso iure unter und das Vermögen fällt in das Eigentum des Staates[135]). Besonders hervorzuheben ist, daß nach Renneberg[136]) Rechte Dritter an dem Vermögen erlöschen. Der Staat erhält damit völlig unbelastetes Eigentum. Mit rechtsstaatlichen Grundsätzen ist diese Strafart unvereinbar. Zutreffend weist v. Weber[137]) darauf hin, daß es sich bei der Vermögenseinziehung um eine rechtsstaatlichen Grundsätzen widersprechende, an Sippenhaft grenzende Maßnahme handelt.

e_2) In schweren Fällen u. a. des Staatsverrats kann gemäß § 24 auf lebenslanges Zuchthaus oder auf Todesstrafe erkannt werden.

In § 24 Abs. 2 Ziff. a)—e) werden die Voraussetzungen aufgezählt, unter denen ein schwerer Fall vorliegt. Wie sich aus der Formulierung „insbesondere" ergibt, ist die Aufzählung jedoch nicht erschöpfend. Im Gegensatz zum geltenden Recht der Bundesrepublik, das für einzelne Staatsverbrechen ebenfalls höhere Strafen für schwere Fälle androht, werden in § 24 StEG aber zumindest Anhaltspunkte dafür gegeben, wann ein schwerer Fall vorliegen kann. Danach kann auf die schwereren Strafen erkannt werden, wenn das Verbrechen

a) von mehreren Personen begangen wird, die sich zur Begehung derartiger Verbrechen miteinander verbunden haben;
b) unter Bereitstellung oder Anwendung gemeingefährlicher Mittel, durch Herbeiführung einer Explosion, eines Brandes oder einer Überschwemmung begangen wird;
c) den Tod eines Menschen, eine schwere Körperverletzung oder andere schwere Folgen verursacht hat oder eine größere Anzahl von Menschen gefährdet war;
d) unter Ausnutzung eines besonderen Vertrauensverhältnisses, einer verantwortlichen Funktion oder unter Verletzung besonders wichtiger Pflichten begangen wird;
e) in einer Zeit erhöhter Gefährdung der Deutschen Demokratischen Republik begangen wird.

Die Ziffern a), b) und d) knüpfen die schwerere Strafe an besondere Merkmale der Handlung. Besondere Probleme enthalten sie nicht. Problematisch erscheinen jedoch die Ziff. c) und e). Im Zusammenhang mit Ziff. c) taucht die Frage auf, ob hinsichtlich der Erfolgsqualifikation Verschulden, wenigstens Fahrlässigkeit erforderlich ist, oder ob es sich um eine reine Erfolgshaftung handelt. Das Gesetz selbst sagt darüber nichts aus. Eine dem § 56 StGB BR entsprechende Bestimmung ist in dem StGB der Zone nicht enthalten. In dem Lehrbuch des Strafrechts[138]) verurteilt jedoch Lekschas die „Theorien von der objektiven Erfolgshaftung", die als „feudaler Zopf" in die Formulierung einiger Tatbestände des Strafgesetzbuches von 1871

---

[135]) Renneberg, a. a. O., S. 594.
[136]) a. a. O.
[137]) 38. DJT E 20.
[138]) S. 262.

(§§ 224, 226 ...) Eingang gefunden hätten. Er wendet sich gegen die bürgerliche Lehre, die, „da das Strafgesetzbuch auch im Allgemeinen Teil nicht ausdrücklich bestimmte, daß in jedem Fall ein Verschulden (also zumindest Fahrlässigkeit) vorliegen muß", sehr oft daraus abgeleitet habe, „daß in diesen sogenannten erfolgsqualifizierten Fällen eine reine Erfolgshaftung hinsichtlich der verursachten schweren Schäden bestünde[139]). Für die sozialistische Strafrechtswissenschaft lehnt Lekschas[140]) eine solche Theorie und eine dementsprechende Gerichtspraxis ab. „Hat ein bestimmtes Verhalten eines Täters Wirkungen hervorgebracht, die über sein individuelles Verschulden hinausgehen, so können ihm diese Wirkungen nicht als Verbrechen zugerechnet werden[141])." Lekschas fordert also hinsichtlich der schweren Folgen auch Verschulden. Zu demselben Ergebnis kommt Kühlig ebenfalls im Lehrbuch[142]). Offensichtlich sind Kühlig aber die Ausführungen Lekschas entgangen. Im Gegensatz zu letzterem heißt es bei ihm: „Verschiedentlich treten g e s e t z l i c h e (Hervorhebung von mir — d. V.) Kombinationen der Schuldformen auf. So wird bei den sogenannten erfolgsqualifizierten Delikten hinsichtlich der Handlung Vorsatz, hinsichtlich der erschwerenden Folgen Fahrlässigkeit gefordert (§§ 224, 226)[143])." Kühlig behauptet also, daß hinsichtlich der schweren Folgen schon vom Gesetz Fahrlässigkeit gefordert wird. Daß diese Behauptung jeglicher Grundlage entbehrt, ergibt sich aus den als Beispiel angeführten §§ 224, 226 selbst, die, wie ja auch Lekschas darlegt, nichts über das Verschulden hinsichtlich der schweren Folgen aussagen.

Es kann also festgestellt werden, daß in der Behandlung der erfolgsqualifizierten Delikte zumindest in der zonalen Theorie die gleiche Auffassung vertreten wird, wie sie in § 56 StGB BR gesetzlich festgelegt ist, d. h. eine reine Erfolgshaftung abgelehnt wird. Für § 24 Abs. 2 c) folgt daraus, daß die in § 24 Abs. 1 angedrohten schwereren Strafen den Täter nur treffen, wenn der Tod, die schwere Körperverletzung oder andere schwere Folgen oder die Gefährdung von Menschen wenigstens fahrlässig von ihm herbeigeführt worden sind. Ob allerdings die sowjetzonale Praxis bei der Anwendung des § 24 Abs. 2 Ziff. c) diese Lehre zugrunde legen wird, ist eine andere Frage, die nicht beantwortet werden kann, da es bisher an Rechtsprechung zu dieser Bestimmung fehlt.

Gemäß § 24 Abs. 2 Ziff. e) liegt ein schwerer Fall vor, wenn das Verbrechen in einer Zeit erhöhter Gefährdung der „DDR" begangen wird. Dem Gesetz läßt sich nicht entnehmen, wann eine solche „Zeit erhöhter Gefährdung" anzunehmen ist. Es handelt sich bei dieser Bestimmung um eine Generalklausel, die jede erwünschte Subsumtion zuläßt. Jede politisch angespannte Situation, sei es im internationalen, nationalen oder örtlichen Bereich, kann als Zeit erhöhter Gefährdung betrachtet werden. Hier sind der

---

[139]) Lehrbuch, S. 262.
[140]) a. a. O.
[141]) a. a. O. S. 263.
[142]) S. 371.
[143]) a. a. O.

Auslegung keine Grenzen gesetzt. Interessant ist in diesem Zusammenhang ein Vergleich mit dem tschechoslowakischen StGB, das für einige „in einer Zeit erhöhter Gefährdung des Vaterlandes“ begangene Verbrechen ebenfalls hohe Freiheitsstrafen oder die Todesstrafe vorsieht[144]). Das Gesetz gibt aber in § 75 Ziff. 5) im Gegensatz zum StEG eine umfassende Definition des Begriffs. Die Bestimmung lautet:

> Unter Zeit erhöhter Gefährdung des Vaterlandes versteht man eine Zeit, in der die Republik in den Zustand der Wehrbereitschaft eingetreten ist oder in der es zu Ereignissen kam, die in erhöhtem Maße die Selbständigkeit, die verfassungsmäßige Einheit, die gebietliche Integrität, die volksdemokratische Staatsform oder Gesellschaftsordnung der Republik oder die öffentliche Ruhe und Ordnung gefährden.

Als Zeit erhöhter Gefährdung i. S. des § 24 Abs. 2 Ziff. e) hat das OG[145]) z. B. „die konterrevolutionären Ereignisse in Ungarn“ bezeichnet. In einem anderen Urteil hat das OG[146]) zum schweren Fall der Spionage Stellung genommen. Der Angeklagte, der Waffen und Munition versteckt hielt, hatte in den Jahren 1952—1958 Verbindung zur KgU und dieser im Laufe der Zeit verschiedentlich Nachrichten, die sich vorwiegend auf die Zustände in der sowjetzonalen Landwirtschaft bezogen, übermittelt. In den Gründen führt das OG u.a. aus, der Angeklagte habe aus einer haßerfüllten feindlichen Einstellung zum Staat der Arbeiter und Bauern heraus Verbindung zur KgU aufgenommen. Die Intensität seines feindlichen Verhaltens äußere sich auch darin, daß er durch Einführen und Verstreuen Hunderter Hetzschriften in politisch zersetzender Weise auf das Bewußtsein der Bevölkerung einzuwirken versucht habe. Vor allem müsse auch der umfangreiche illegale Waffen- und Munitionsbesitz, den der Angeklagte seit 1953 im Auftrag der KgU für den Fall erneuter konterrevolutionärer Ereignisse unterhalten habe, bei der Bewertung der Schwere des Spionageverbrechens berücksichtigt werden. Das Bezirksgericht habe daher zutreffend auch den unbefugten Waffenbesitz mit zur Beurteilung der Agententätigkeit des Angeklagten herangezogen. Die Gesamtheit der dargelegten Umstände rechtfertige in dem darin zum Ausdruck kommenden hohen Grade der Gesellschaftsgefährlichkeit durchaus die Anwendung des § 24 StEG. Die Anwendbarkeit des § 24 werde von dem Grad der Gesellschaftsgefährlichkeit des begangenen Verbrechens bestimmt, der sich aus den gesamten Tatumständen ergebe. Das Urteil zeigt, daß die Beurteilung, ob ein schwerer Fall i. S. des § 24 vorliegt, nicht nur — wie man eigentlich aus den in § 24 Abs. 2 a)—e) angeführten Beispielen folgern müßte — an Hand objektiver Merkmale vorgenommen wird, sondern daß auch subjektive Momente, in diesem Fall die „haßerfüllte feindliche Einstellung zum Staat der Arbeiter und Bauern“, entscheidend sind.

Auf den Staatsverrat folgen in den §§ 14—16 die Verratstatbestände.

---

[144]) z. B. § 78 Abs. 2 Ziff. a).

[145]) NJ 60, 146.

[146]) NJ 60, 145.

2. Der bisher auf Grund Art. 6 DDV in Verbindung mit „Kriegshetze“ verwendete Begriff Spionage wird in § 14 definiert. Er umfaßt danach die Auslieferung oder den Verrat von im politischen, wirtschaftlichen oder militärischen Interesse der „DDR“ geheimzuhaltenden Tatsachen, Gegenständen, Forschungsergebnissen oder sonstigen Nachrichten an andere Staaten, Organisationen oder Gruppen, die einen Kampf gegen die Arbeiter- und Bauern-Macht oder andere friedliebende Völker führen. Aus der systematischen Stellung des Tatbestandes und der Schwere der Strafdrohnung (Zuchthaus nicht unter drei Jahren und fakultativ Vermögenseinziehung) folgert Renneberg[147]), daß die Spionage nach dem Staatsverrat das gefährlichste und verwerflichste Staatsverbrechen sei.

a) Verbrechensgegenstand der Spionage ist ein Staatsgeheimnis. Zwar ist der Terminus Staatsgeheimnis in § 14 nicht enthalten. Daß sich die Spionage aber auf Staatsgeheimnisse bezieht, ergibt sich jedoch aus der Formulierung „... im Interesse der Deutschen Demokratischen Republik geheimzuhalten sind“. Diese Auffasssung wird von der herrschenden sowjetzonalen Lehre[148]) vertreten. Allerdings weist Renneberg[149]) darauf hin, daß dies in der Rechtsprechung zwar in Ansätzen aber begrifflich noch nicht so eindeutig herausgearbeitet worden sei. Gegen Renneberg bezeichnet Reinwarth[150]) die Beschränkung der in § 14 erwähnten geheimzuhaltenden Tatsachen usw. auf Staatsgeheimnisse als bedenklich. Es handelt sich bei diesem Meinungsstreit aber offenbar nur um eine verschiedenartige Beurteilung des materiellen Inhalts des Staatsgeheimnisssses, was daraus zu entnehmen ist, daß Reinwarth[151]) teilweise zur Kennzeichnung geheimzuhaltender Tatsachen usw. dieselben Kriterien anführt wie Renneberg.

Bei der Untersuchung des Tatbestandsmerkmals Staatsgeheimnis ist es notwendig, scharf zwischen dem allgemeinen Begriff und dem Inhalt, den ihm in concreto Rechtsprechung und Literatur geben, zu unterscheiden.

Der Begriff des Staatsgeheimnisses setzt allgemein Geheimhaltungsbedürftigkeit voraus[152]), die wiederum aus dem Interesse, das der Staat an der Geheimhaltung hat, folgt. — Die Frage nach den Maßstäben, an denen das Geheimhaltungsinteresse zu messen ist und dem Inhalt des Interesses muß hier zunächst zurückgestellt werden. Auf den Begriff hat sie keinen Einfluß, denn für ihn sind nur entscheidend die o. a. Kriterien der Geheimhaltungsbedürftigkeit und des Geheimhaltungsinteresses. —

Nach dem Wortlaut des § 14 bezieht sich das Geheimhaltungsinteresse außer auf Tatsachen, Gegenstände, Forschungsergebnisse auch auf sonstige Nachrichten. Der Begriff des Staatsgeheimnisses als solcher wird durch die Einbeziehung auch der „sonstigen Nachrichten“ nicht ohne weiteres gesprengt,

---

147) NJ 58, 8.
148) Renneberg NJ 58, 8; Stiller Staatsverbrechen S. 72; Kühlig NJ 56, 429.
149) a. a. O.
150) NJ 59, 8.
151) a. a. O.
152) Jagusch LK § 99 Anm. 2.

da sich das im Gesetz erwähnte Geheimhaltungsinteresse auch auf sie bezieht. Stiller[153]) führt dazu aus, daß es bei dem Problem, ob ein Staatsgeheimnis vorliege, in erster Linie um „unser" Interesse an der Geheimhaltung im Verhältnis zum Klassenfeind und seinen Absichten gehe. Nach Renneberg[154]) erfordert die Bestrafung wegen Spionage im Strafverfahren stets auch eine konkrete Feststellung darüber, daß ein bestimmtes Interesse des Staates an der Geheimhaltung der betreffenden Nachricht bestehe.

Als weiteres allgemeingültiges Merkmal des Staatsgeheimnisses kommt hinzu das Erfordernis der Echtheit des Geheimnisobjekts[155]). Dementsprechend vertritt auch Stiller[156]) die Auffassung, daß aus der gesetzlichen Beschreibung des Staatsgeheimnisses folge, daß erfundene Meldungen und verleumderische Berichte keinen Geheimnischarakter haben können. Aus dem von Renneberg[157]) Gesagten läßt sich entnehmen, daß es zum Merkmal des Staatsgeheimnisses gehört, daß die Nachricht wahr ist.

Wurde im vorhergehenden festgestellt, daß rein begrifflich Staatsgeheimnis in § 14 StEG und § 99 Abs. 1 StGB sich nicht unterscheiden, so bedeutet das jedoch nicht, daß auch inhaltlich Übereinstimmung besteht. Sowohl die ganz anders geartete politische Struktur und politische Zielsetzung des Zonenregimes als auch insbesondere die andersartigen tatsächlichen politischen Verhältnisse in der Zone haben notwendig einen anderen sachlichen Inhalt des Staatsgeheimnisses zur Folge. Kriterien sind nach Renneberg[158]) vor allem die Art des Gegenstandes der Nachricht selbst, seine politische, wirtschaftliche oder militärische Bedeutung, der Grad seiner Zugänglichkeit für die Öffentlichkeit und ähnliche Faktoren. Auch die systematische Sammlung, Zusammenstellung und Übermittlung für sich nicht geheimer Nachrichten kann als Spionage qualifiziert werden, wenn sie in ihrer Gesamtheit und ihrem Zusammenhang geheimzuhaltende Vorgänge oder Tatsachen offenbaren[159]). Von der Rechtsprechung wurden u. a. Angaben über Stärke, Ausrüstung, Bewaffnung von militärischen Einheiten als Spionage gewertet[160]). Ferner solche über die Produktion volkseigener Betriebe und den Zweck betrieblicher Bauvorhaben[161]). In dem Urteil 1 Bs 10/58[162]) sah das Gericht entgegen der Auffassung der Anklagevertretung Angaben vor dem amerikanischen Geheimdienst über die Produktion eines VEB und die Lage

---

[153]) Staatsverbrechen S. 74.

[154]) a. a. O.

[155]) Jagusch LK § 99 Anm. 2; Schönke-Schröder § 99, Anm. II, 3. Freiesleben ZStW 45, 250.

[156]) Staatsverbrechen, S. 74.

[157]) NJ 58, 9.

[158]) a. a. O.

[159]) Renneberg, a. a. O.; vgl. auch Erben/Löser NJ 58, 202 f., weitere Einzelheiten Kühlig NJ 56, 429.

[160]) OG in NJ 58, 67.

[161]) OG in NJ 58, 176.

[162]) NJ 58, 321.

der einzelnen Produktionsstätten in diesem Betrieb als Verrat geheimzuhaltender Tatsachen an, obwohl die Tatsachen den Betriebsangehörigen allgemein bekannt waren. Der Umstand, daß die Tatsachen der Belegschaft allgemein bekannt seien, sei kein Grund, daß solche Tatsachen auch einer amerikanischen Spionagedienststelle zugänglich gemacht werden dürften[163]). Damit stellt das BG in gewissem Umfang auf die Relativität des Staatsgeheimnisses ab. Das gleiche gilt für das Urteil des BG Potsdam[164]), wonach die Auslieferung von Namen und Anschriften von Mitarbeitern der Organe der Staatssicherheit an „imperialistische Agentenorganisationen" Spionage ist. Sehr weit ist die inhaltliche Ausdehnung des Staatsgeheimnisses bei Stiller, nach dem Spionage begeht, wer beispielsweise monatelang von den Türen der Verhandlungssäle der Gerichte die Terminzettel abschreibt und an eine der in § 14 genannten Stellen oder Personen übermittelt[165]). Worin hier das Geheimhaltungsinteresse besteht, geht aus den Ausführungen Stillers nicht hervor. Entsprechend den politischen Verhältnissen in der Zone kann in diesem Fall das Interesse an der Geheimhaltung der Häufigkeit politischer und Wirtschaftsstrafprozesse bestehen.

In einzelnen Fällen ergibt die Gegenüberstellung der von der sowjetzonalen Literatur und Rechtsprechung herausgearbeiteten inhaltlichen Kriterien des Staatsgeheimnisses mit denen, die von der herrschenden Lehre und Rechtsprechung zum Staatsgeheimnis im Rahmen der Landesverratsbestimmungen der BR vertreten werden, gewisse Übereinstimmungen. So führt Arndt[166]) unter Bezugnahme auf eine umfangreiche Rechtsprechung aus, daß die Zusammenfassung von einer fremden Regierung[167]) bekannten Einzelheiten für sich ein Geheimnis sein kann, wenn sich aus dem Gesamtbild neue Gesichtspunkte ergeben, so daß die Zusammenstellung etwas Unbekanntes ergibt. Als weitere Beispiele gibt Arndt[168]) an die Verhältnisse der Polizei und des Grenzschutzes, Namen und Anschriften von Nachrichtenoffizieren, Abwehrbediensteten, Agenten, Prozeßakten über Geheimnisverrat. Im Anschluß an die Rechtsprechung des RG[169]) vertreten auch Schrifttum und Rechtsprechung[170]) den Begriff der Relativität des Geheimnisses. Geheimnis kann danach auch die nur im Ausland unbekannte Tatsache sein.

Der hervorstechende und entscheidende Gegensatz zwischen der Spionage und dem Landesverratsrecht der BR besteht in der geradezu uferlosen Ausdehnung des Staatsgeheimnisses auf wirtschaftliche und wirtschaftspolitische Fakten durch zonales Schrifttum und Rechtsprechung, wie die oben erwähn-

---

163) OG in NJ 58, 322.

164) NJ NJ 58, 322.

165) Staatsverbrechen S. 74.

166) ZStW 66, 50; vgl. auch Sch.-Schröder § 99, Anm. II 2 a.

167) Über den Begriff „fremde Regierung" vgl. Czychowski.

168) ZStW 66, 57.

169) RGSt. 10, 421; 25, 48; 61, 150.

170) Kohlrausch-Lange § 99, Anm. I; Sch.-Schröder § 99 Anm. II 2 a, Arndt ZStW 66, 50; Köln MDR 53, 374.

ten Urteile zeigen. Als weiteres Beispiel sei ein Urteil des OG[171]) angeführt. Das Gericht wertete als Spionage Angaben über den Stand der Pflichtablieferung der Bauern, über die Entwicklung der LPG's, Preise für landwirtschaftliche Erzeugnisse, ja, selbst über Hektarerträge. Eine solche Judikatur beruht ganz einfach auf dem Bemühen, mit Hilfe strafrechtlicher Maßnahmen zu verhindern, daß Nachrichten über zweifellos vorhandene wirtschaftliche Zwangslagen nach außen dringen und so der Glaube an die immer wieder beschworenen „sozialistischen Errungenschaften" zerstört wird.

b) Hinsichtlich des Geheimnisempfängers gibt § 14 eine nähere Umschreibung. Es werden im Gesetz genannt „andere Staaten oder deren Vertreter, Organisationen oder Gruppen, die einen Kampf gegen die Arbeiter- und Bauern-Macht oder andere friedliebende Völker führen oder deren Vertreter oder Helfer." Nach Renneberg[172]) umfaßt der Kreis der Empfänger außer den verschiedenen Spionageagenturen in und außerhalb der Republik auch „die bei uns enteigneten Großkapitalisten, Großgrundbesitzer, republikflüchtigen Unternehmer und ähnliche Personen und Personengruppen, die auch mit den Mitteln der Spionage die Rückgewinnung ihrer in der Deutschen Demokratischen Republik verlorenen Positionen betreiben." Die von Kühlig[173]) vorgeschlagene Formulierung „ausländische Staaten", „ausländische Organisationen" wird von Renneberg[174]) als zu eng bezeichnet. Aus der Fassung des Tatbestandes folgert Renneberg[175]), daß im Falle des bloßen Ausplauderns oder Preisgebens von Staatsgeheimnissen an Dritte, die weder unmittelbar noch mittelbar zu dem in § 14 bezeichneten Empfängerkreis gehören oder von dessen Zugehörigkeit zu diesem Kreis der Täter nichts gewußt hat, die gesetzlich notwendigen Tatumstände der Spionage nicht vorliegen.

c) Die Spionagehandlung besteht in dem Unternehmen der Auslieferung bzw. des Verrats der im Gesetz aufgeführten Gegenstände usw. an den genannten Empfängerkreis. Auslieferung bzw. Verrat bestehen aber nicht nur in der unmittelbaren oder mittelbaren Weitergabe des Staatsgeheimnisses. Da die Spionage als Unternehmensdelikt ausgestaltet ist, werden — mit Rücksicht auf die erörterte vollständige Inhaltswandlung des Unternehmensbegriffs — auch die entferntesten Vorbereitungshandlungen von dem Tatbestand des § 14 erfaßt und als vollendete Spionage mit Strafe bedroht. Dementsprechend werden von Schrifttum und Rechtsprechung als tatbestandsmäßig angesehen sowohl die Beschaffung, Ausspähung, Entwendung, Sammlung, Zusammenstellung als auch die bloße Übermittlung und Weiterleitung eines Staatsgeheimnisses[176]). Das OG[177]) stellte fest, daß auch die

[171]) NJ 60, 145.
[172]) NJ 58, 9 mit Anm., vgl. auch OG in NJ 58, 64.
[173]) NJ 56, 430.
[174]) NJ 58, 9 Fußnote 17.
[175]) NJ 58, 9 im gleichen Sinne Stiller, Staatsverbrechen, S. 76/77.
[176]) Renneberg, a. a. O.; Kühlig, NJ 56, 429/30.
[177]) NJ 58, 247.

Mitwirkung am Aufbau und die Aufrecherhaltung einer Spionageorganisation vom Tatbestand des § 14 erfaßt werde, was sich daraus ergebe, daß § 14 bereits das Unternehmen der Spionage unter Strafe stellt. Der Angeklagte hatte sich u. a. bereit erklärt, in seiner in der Nähe der Sektorengrenze in Berlin gelegenen Wohnung Agenten des CIC Unterschlupf zu gewähren. In diesem Zusammenhang erklärt das OG weiter, daß die Handlung auch nicht etwa als Beihilfe zur Spionage des CIC beurteilt werden könne, da die Agenten des CIC arbeitsteilig arbeiteten. So würden für das ungehinderte Passieren der Grenzen der DDR und gelegentliche Übernachtungen von Kurieren spezielle Agenten eingesetzt, wie der Angeklagte. Dies sei aber selbst Spionage und keine Beihilfe zur Spionage eines anderen. Das BG Schwerin[178]) beurteilte die Anwerbung von Bürgern der „DDR" zum Zwecke der Sammlung von Spionageinformationen als Unternehmen der Spionage. Die Qualifizierung der hier angeführten Handlungen als Spionage ist bei Berücksichtigung der zonalen Unternehmensdefinition nur folgerichtig. Es soll hier nicht übersehen werden, daß auch das Staatsschutzrecht der BR in § 100 Abs. 2 StGB BR die Ausspähung von Staatsgeheimnissen als verselbständigte Vorbereitung des Landesverrats[179]) unter Strafe stellt und in § 100 e staatsgefährdende Beziehungen mit Strafe bedroht. In beiden Fällen handelt es sich aber um festgefügte Tatbestände mit differenzierten Strafdrohungen, während die oben aufgeführten Handlungen nach dem StEG als vollendete Spionageverbrechen, d. h. mit Zuchthaus nicht unter drei Jahren zu bestrafen sind.

d) Der subjektive Tatbestand des § 14 erfordert Vorsatz. In diesem Zusammenhang hebt Stiller[180]) hervor, daß bei der Vornahme von Teilhandlungen dem Täter bekannt gewesen sein muß, daß seine Handlung der Spionage dient, andernfalls eine Bestrafung nur nach anderen gesetzlichen Bestimmungen, z. B. den §§ 353 b, 353 c in Frage komme.

e) Die Strafe für Spionage beträgt im Regelfall Zuchthaus nicht unter drei Jahren und fakultativ Vermögenseinziehung. In schweren Fällen kann gemäß § 24 auf lebenslanges Zuchthaus oder auf Todesstrafe erkannt werden[181]).

3. Systematisch in engem Zusammenhang mit der Spionage steht die in § 15 mit Strafe bedrohte Sammlung von Nachrichten für die in § 14 genannten Institutionen.

a) Es wurde ausführlich dargelegt, daß Verbrechensgegenstand der Spionage ein Staatsgeheimnis ist, was aus dem im Tatbestand des § 14 ausdrücklich festgelegten Geheimhaltungsinteresse der „DDR" geschlossen wurde. Da § 15 das Geheimhaltungsinteresse nicht erwähnt, ergibt schon der Wortlaut des Gesetzes, daß es sich bei den Nachrichten i. S. des § 15 nicht um Staatsgeheimnisse handelt. Die Nachrichten müssen aber geeignet sein, die gegen

---

178) NJ 58, 247.

179) Kohlrausch-Lange § 100 Anm. II. 180) Staatsverbrechen, S. 77.

181) Zum schweren Fall der Spionage vgl. das oben (S. 28 zu Anm. 146) erörterte Urteil des OG.

die „DDR“ und andere friedliebende Völker gerichtete Tätigkeit der in § 14 genannten Stellen zu unterstützen. Mit Rücksicht auf die dargelegte inhaltliche Ausweitung des Staatsgeheimnisses auf alle möglichen Vorgänge des politischen, militärischen, vor allem aber wirtschaftlichen und zivilen Lebens entsteht die Frage, welche Nachrichten noch von § 15 getroffen werden und wo die Grenze zwischen diesen und dem Staatsgeheimnis verläuft. Stiller[182]) bezeichnet die „Formen der Unterstützung der Imperialisten durch Nachrichtensammlung und Nachrichtenübermittlung“ als sehr vielgestaltig. „Sie reichen von allgemeinen Stimmungsberichten, von Berichten über Veranstaltungen gesellschaftlicher Organisationen, über das Verhältnis zwischen Arbeitern und ihren Vorgesetzten, über allgemeine Normenfragen, Mitteilungen über Mangelwaren, Warenstauungen, Preise, ausgesprochene Bestrafungen von Bürgern, der Übergabe von Zeitungen, Telefonbüchern, Adreßbüchern, von allgemein erhältlichen Stadtplänen bis zu den hetzerischen und verleumderischen Berichten[183]).“ Bei entsprechender Phantasie läßt sich die Aufzählung ins Unendliche fortsetzen. „Der Gegner ist an allem interessiert“, so behauptet Stiller. „Er benutzt fast ausnahmslos alles für seine Angriffe gegen unseren Staat[184]).“ Diese Behauptung Stillers führt dazu, daß jede Nachricht, sei sie auch noch so unbedeutend, wahr oder unwahr, als geeignet anzusehen ist, die gegen die „DDR“ und andere friedliebende Völker gerichtete Tätigkeit der in § 14 genannten Stellen zu unterstützen, wie es der Tatbestand fordert. Daß § 15 nicht nur in der Theorie eine derartig extensive Auslegung erfährt, beweist u. a. das Urteil BG Karl-Marx-Stadt 4 Bs 4/58[185]). Darin werden Angaben über die Stimmung in der Belegschaft, über den Besuch der Mitgliederversammlung der Parteigruppe, über das Verhältnis von Vorgesetzten zu Arbeitern und über die Meinung der Arbeiter zu den bestehenden Normen als Sammlung von Nachrichten i. S. des § 15 gewertet.

b) Die Handlung des § 15 besteht in der Sammlung oder Übermittlung der Nachrichten. § 15 ist nicht als Unternehmensdelikt ausgestaltet. Da die Strafdrohung aber Zuchthaus bis zu zehn Jahren beträgt, ist der Versuch strafbar.

4. In § 16 wird die Verbindungsaufnahme zu den in § 14 bezeichneten Stellen unter Strafe gestellt. Der objektive Tatbestand der Verbindungsaufnahme setzt bei dem Täter lediglich die Kenntnis von der staatsfeindlichen Tätigkeit der genannten Stellen voraus. In einer Stellungnahme zu dem Entwurf des StEG hatten Eisermann und Löwenthal[186]) es für erforderlich gehalten, daß für die Verbindungsaufnahme, wenn sie strafbar ist, die staatsfeindliche Zielrichtung des Täters festgestellt werden müßte. Die Verbindungsaufnahme könne nur dann strafbar sein, wenn ihr staatsfeindliche Mo-

---

182) Staatsverbrechen S. 78.
183) a. a. O.
184) a. a. O.
185) NJ 58, 176.
186) NJ 56, 553.

tive zugrunde gelegen haben. Demgegenüber wies H. Benjamin in der Begründung des StEG vor der Volkskammer[187]) darauf hin, daß z. B. in dem Urteil des BG Potsdam[188]) gegen die Agenten des Untersuchungsausschusses freiheitlicher Juristen diese Agenten vor Jahren in anderen, persönlichen Angelegenheiten die Verbindung zum Untersuchungsausschuß gesucht hätten. Die Anknüpfung von Beziehungen gehe gewöhnlich als erster Schritt den schwereren Formen des Verrats und häufig auch anderen Staatsverbrechen voraus. Aus diesen Ausführungen H. Benjamins kann nur geschlossen werden, daß die Verbindungsaufnahme i. S. des § 16 auch dann strafbar sein soll, wenn ihr keine staatsfeindlichen Motive zugrunde gelegen haben. Dementsprechend ist auch der Tatbestand des § 16 gefaßt, der, wie dargelegt, bei dem Täter lediglich die Kenntnis der staatsfeindlichen Tätigkeit der genannten Stellen voraussetzt. Die gleiche Auffassung vertritt Renneberg[189]), nach dem Verbindung zu verbrecherischen Organisationen i. S. des § 16 StEG immer dann vorliegt, wenn der Täter zu den in § 14 genannten Stellen oder Personen Kontakt aufgenommen hat, ohne daß dabei von ihm die Auslieferung oder der Verrat von Staatsgeheimnissen unternommen, d. h. weder geplant noch ausgeführt wurde; so z. B. beim Aufsuchen solcher Stellen oder Personen zum Zweck der Rückversicherung, Registrierung, Einholung von Auskünften oder Erkundigungen zwecks späterer Republikflucht. Weiter heißt es bei Renneberg[190]): „Ist das Verbrechen bereits in das Stadium konkreter Agententätigkeit i. S. der §§ 14 oder 15 eingetreten, so entfällt eine Bestrafung nach § 16." Hiermit weist Renneberg auf die Abgrenzung zwischen den §§ 14, 15 einerseits und § 16 andrerseits hin, die dadurch problematisch wird, daß mit Rücksicht auf die Einbeziehung der Vorbereitungshandlung in den Unternehmensbegriff u. U. schon die Verbindungsaufnahme zu den, von Renneberg so bezeichneten, verbrecherischen Organisationen und Dienststellen als Spionage bestraft werden kann. Eine Abgrenzung ließe sich von der subjektiven Seite her vornehmen, da § 16 im Gegensatz zu § 14 keinen Verratsvorsatz voraussetzt. Bei einer Justiz jedoch, die auf reinen politischen Zweckmäßigkeitserwägungen aufbaut, besteht hier ohne weiteres die Möglichkeit, einen Sachverhalt, der nach § 16 zu beurteilen wäre, unter den Tatbestand der mit Zuchthaus bedrohten Spionage zu subsumieren.

Im Gegensatz zu § 14 ist die Verbindungsaufnahme kein Unternehmensdelikt. Da die Verbindungsaufnahme mit Rücksicht auf die Strafdrohung — Gefängnis bis zu drei Jahren — ein Vergehen und der Versuch nicht ausdrücklich unter Strafe gestellt ist, richtet sich die Strafdrohung des § 16 nur gegen das vollendete Delikt. Aus der Tatbestandsformulierung „... in Verbindung tritt ..." muß geschlossen werden, daß § 16 denjenigen erfaßt, der mit einer der genannten Stellen Kontakt aufgenommen hat. In der zonalen

187) NJ 57, 789.
188) NJ 57, 810.
189) NJ 58, 9.
190) a. a. O.

Literatur[191]) wird demgegenüber der Tatbestand jedoch schon dann als erfüllt angesehen, wenn ein Schriftstück, mit Hilfe dessen der Täter Verbindung aufnehmen will, abgefangen wird. Eine solche Auslegung widerspricht aber dem klaren Wortlaut des Gesetzes. Sie führt doch zu einer Bestrafung des Versuchs, und zwar als vollendetes Delikt, ohne die Möglichkeit der Versuchsmilderung.

5. An dem Komplex der Verratstatbestände zeigt sich ganz besonders deutlich das Abrücken vom nationalliberalen Staatsschutzrecht des RStGB. Es entsprach europäischem Staatsdenken, daß der Schutz, den sich der Staat zu geben versuchte, nur ihm selbst als Nation galt. Die Strafvorschriften gegen Hochverrat dienten dem Schutz seiner inneren Ordnung, die Landesverratsbestimmungen dem seiner äußeren Machtstellung. Und obwohl der Nationalstaatsgedanke infolge der Frontstellung von Ost und West auch im westeuropäischen Raum sich immer mehr zu verflüchtigen scheint, hält das westeuropäische Staatsschutzrecht überwiegend an der klassischen Form des strafrechtlichen Staatsschutzes fest. Die Vorschriften der §§ 80 ff. StGB BR dienen allein dem Schutz der Bundesrepublik.

Diese Beschränkung des Schutzes auf den eigenen Staat enthält das zonale Staatsschutzrecht nicht, was sich am deutlichsten an den §§ 14 ff. zeigt. In § 14 werden als Geheimnisempfänger bezeichnet Organisationen oder Gruppen, die einen Kampf nicht nur gegen die Arbeiter- und Bauern-Macht, sondern auch solche, die einen Kampf gegen andere friedliebende Völker führen. Und die Strafvorschrift des § 15 erfaßt nicht nur Nachrichten, die geeignet sind, die gegen die Arbeiter- und Bauern-Macht gerichtete Tätigkeit der in § 14 genannten Stellen zu unterstützen, sondern auch solche, die geeignet sind, die gegen andere friedliebende Völker gerichtete Tätigkeit dieser Institutionen zu unterstützen, werden von dem Tatbestand des § 15 erfaßt. Damit bezieht das sowjetzonale Staatsschutzrecht den strafrechtlichen Schutz auch anderer Staaten mit ein. Diese Ausdehnung des Schutzes auch auf andere Staaten ist keine Besonderheit des zonalen Rechts. Sie findet sich in dem sowjetischen Gesetz über die strafrechtliche Verantwortlichkeit für Staatsverbrechen und in den Strafgesetzbüchern jüngeren Datums einiger Volksdemokratien, z. B. Bulgariens. Diese Gesetze enthalten eine gesonderte, in der Formulierung nahezu übereinstimmende, Strafvorschrift zum Schutz anderer Staaten. Als Beispiel sei Art. 10 des sowjetischen Gesetzes über die strafrechtliche Verantwortlichkeit für Staatsverbrechen zitiert:

> Auf Grund der internationalen Solidarität der Werktätigen werden besonders gefährliche Staatsverbrechen, die gegen einen anderen Staat der Werktätigen begangen wurden, —
>
> nach den Art. 1—9 dieses Gesetzes bestraft[192]).

Diese Bestimmungen, die Ausdruck des allgemein als proletarischer Inter-

---

[191]) Stiller, Staatsverbrechen S. 81.

[192]) Vgl. auch Art. 98 Bulgarisches StGB.

nationalismus bezeichneten Prinzpis sind, gehen zurück auf Art. 58[1] Abs. 2 StGB RSFSR, der lautet:

> Kraft der internationalen Solidarität der Interessen aller Werktätigen gelten Handlungen gleicher Art als konterrevolutionär auch dann, wenn sie gegen einen anderen — der Union der SSR nicht angehörenden — Staat der Werktätigen gerichtet sind.

Die Ausbreitung des marxistisch-leninistischen Staatsdenkens, die nicht an Staatsgrenzen Halt machte, mußte die vollkommene Änderung des Staatsschutzes zur Folge haben. Wie eingangs dargelegt, sieht diese Staatsauffassung in dem Staat das Hauptinstrument beim Aufbau des Sozialismus, des Weltsozialismus als einer Etappe auf dem Weg zum Endziel, der kommunistischen Gesellschaft. In diesem System ist der Staat nur Glied eines Ganzen, des kommunistischen Systems. Er ist Teil einer „international eingestellten Klassenbewegung"[193]). Auf Grund einer solchen internationalen Einstellung konnte sich der strafrechtliche Staatsschutz nicht mehr auf das einzelne Glied, den Nationalstaat beschränken, sondern mußte zum Schutz des Systems und damit zum Schutz auch der anderen Glieder dieses Ganzen werden. Mit Recht wies jedoch Diener[194]) darauf hin, daß die Bestimmung des Art. 58[1] Abs. 2 StGB RSFSR nur von latenter und programmatischer Bedeutung sei, da es außer der Sowjetunion keinen sogenannten Staat der Werktätigen gebe. Hier ist aber in den letzten Jahrzehnten ein erheblicher Wandel eingetreten, der mit der Anerkennung der Volksdemokratie oder Volksrepublik als einer besonderen Form der Diktatur des Proletariats und der Bolschewisierung Mittelost- und Südosteuropas zusammenhängt[195]). Damit erhielt Art. 58[1] Abs. 2 StGB RSFSR eine weiter reichende Bedeutung als zur Zeit seiner Entstehung. Dementsprechend hatte schon Schroeder[196]) vermutet, daß Art. 58[1] Abs. 2 de lege ferenda wegen seiner gesteigerten propagandistischen und tatsächlichen Bedeutung einen Sonderartikel bilden werde. Diese Vermutung hat sich inzwischen als richtig erwiesen, wie der bereits erwähnte Art. 10 des Gesetzes über die strafrechtliche Verantwortlichkeit für Staatsverbrechen beweist. Das dieser Bestimmung tatsächlich zugrunde liegende Motiv dürfte sich jedoch von dem des Art. 58[1] Abs. 2 erheblich unterscheiden. Während, wie oben dargelegt, Art. 58[1] Abs. 2 zurückzuführen ist auf die Vorstellung vom internationalen Kommunismus und dem Schutz dieser internationalen Klassenbewegung dienen sollte, bezwecken Art. 10 und die entsprechenden Vorschriften der volksdemokratischen Strafgesetze m. E. nicht mehr den Schutz einer internationalen Klassenbewegung, die es in ihrem ursprünglichen Sinne gar nicht mehr gibt. Infolge der von Stalin[197]) vorgenommenen Umwandlung der Ideologie, wonach dem Staat

---

[193]) Diener S. 17

[194]) S. 19.

[195]) Von Lenin wurde das Ideal einer freien Volksrepublik abgelehnt, vgl. dazu Diener S. 19.

[196]) Das Strafrecht der UDSSR de lege ferenda, S. 48.

[197]) Der Marxismus und die Fragen der Sprachwissenschaft.

als dem Überbau eine aktive Rolle zugewiesen wird, und des von ihm geweckten Sowjetpatriotismus „tritt die Sowjetunion als Staatswesen mit ihrer Sowjetarmee als der derzeitigen Avantgarde des Weltkommunismus an die Stelle des internationalen Proletariats, des ursprünglichen Trägers der revolutionären Entwicklung. Der These von der Weltrevolution tritt die Vormachtstellung der Sowjetunion als Antithese gegenüber“[198]). Daraus folgt, daß die erwähnten Bestimmungen in erster Linie dem Schutz des sowjetischen Machtsystems gelten. Angriffe auf die Staatsgrundlagen eines der Satellitenstaaten können, wie die Vorgänge in Ungarn und Polen im Jahre 1956 gezeigt haben, Erschütterungen auch in den anderen Teilen des Machtblocks hervorrufen und so die Herrschaftsverhältnisse der UdSSR in diesem System gefährden. Das, ursprünglich wirklich als solches verstandene, Prinzip des proletarischen Internationalismus, auf Grund dessen sich der Staat auch den Schutz anderer Staaten angelegen sein ließ, ist heute vor allem Ausdruck reiner Machtpolitik der „neuen imperialen Staatsbildung“[199]).

Die dritte Gruppe der Staatsdelikte umfaßt in den §§ 17—20 staatsgefährdende Handlungen.

6. § 17 stellt das Unternehmen, durch Gewaltakte oder durch Drohung mit Gewaltakten die Bevölkerung in Furcht und Schrecken zu versetzen, um Unsicherheit zu verbreiten und das Vertrauen zur Arbeiter- und Bauern-Macht zu erschüttern, unter Zuchthausstrafe. Nach Renneberg[200]) gelten diese Handlungen als besonders gefährliche Erscheinungsform staatsgefährdender Tätigkeit. Als Beispiele aus der Rechtsprechung bis zum Inkrafttreten des StEG — zu Art. 6 DDV — führt er die Urteile gegen die Hildebrandgruppe[201]) sowie gegen Burianek u. a.[202]) an. Diese Rechtsprechung habe das Wesen der Terrorverbrechen bereits treffend herausgearbeitet[203]). In dem letztgenannten Urteil vertritt das OG die Auffassung, daß Diversionshandlungen, werden sie mit gemeingefährlichen, die Verbreitung von Schrekken unter der Bevölkerung bezweckenden Mitteln ausgeführt, sich zu ausgesprochenen Terrorhandlungen qualifizieren. Die Qualifikation einer Handlung als Terrorhandlung richte sich also weniger nach ihrem Inhalt — ihrem Wesen nach sei sie fast immer Diversionshandlung — als nach der angewandten Methode der Schreckensverbreitung, des Terrorismus. Auf den in § 17 umschriebenen Terrorismus und sein Verhältnis zur Diversion (§ 22) treffen diese Feststellungen des OG jedoch nicht zu. Es ist zwar nicht ausgeschlossen, daß die im einzelnen noch zu erörternde Diversionshandlung mit der Verbreitung von Furcht und Schrecken verbunden ist. Der Unterschied zwischen beiden Delikten liegt aber in der Angriffsrichtung. Während sich die Hand-

---

[198]) v. Rauch Geschichte S. 541.

[199]) Ausdruck von v. Rauch Geschichte, S. 540.

[200]) NJ 58, 9.

[201]) OGE 2, 14 (33).

[202]) OGE 2, 37 (69).

[203]) NJ 58, 9.

lung nach § 17 gegen das Verhältnis Staat—Bürger richtet[204]), ist die Diversion gegen die Volkswirtschaft und die Verteidigungskraft der „DDR“ gerichtet. Die von Renneberg zur Charakterisierung der Terrorhandlung des § 17 herangezogene Rechtsprechung kann also hier nicht verwertet werden. Im Hinblick auf das Burianek-Urteil vertrat auch Jahn[205]) den Standpunkt, daß zwischen Diversionshandlungen und Terrorismus ein enger Zusammenhang bestehe, der eine scharfe Trennung zwischen beiden nicht ermögliche. Ein Eventualvorschlag Jahns ging dementsprechend dahin, den Terrorismus als erschwerte Form der Diversion unter Strafe zu stellen[206]). Demgegenüber verlangte H. Benjamin[207]), daß der Terrorismus als besonderes Verbrechen in seiner ganzen Gefährlichkeit hervorgehoben werde.

In der Wiedergabe einer ersten Aussprache bei den zentralen Justizorganen über das StEG wird betont, daß § 17 dem Wortlaut nach so klar gefaßt sei, daß kaum besondere Fragen zu erörtern waren[208]). In dem Überblick über die Entwicklung der Rechtsprechung des OG auf dem Gebiet der Staatsverbrechen seit Inkrafttreten des StEG im Januarheft 1959 der Neuen Justiz, also nach einjähriger Geltung des Gesetzes, weist Reinwarth[209]) darauf hin, daß bislang so gut wie keine Erfahrungen mit der gesetzlichen Regelung der staatsgefährdenden Gewaltakte vorlägen. Es fehlt somit an einer auswertbaren Rechtsprechung. Auch im Schrifttum sind die Stellungnahmen zu § 17 nicht zahlreich. Nach Stiller[210]) besteht die Handlung in einer Einwirkung, die sich unmittelbar sowohl auf Personen als auch auf Sachen beziehen kann. Als Gewaltakt sieht er z. B. auch die Verwendung von Gift an[211]).

7. Während § 17 den „allgemeinen“ Terror unter Strafe stellt, wird in § 18 mit Strafe bedroht, wer es unternimmt, mit Gewalt oder durch Drohung mit Gewalt die gesetzmäßige Tätigkeit der örtlichen Organe der Staatsmacht oder eines ihrer Mitglieder unmöglich zu machen oder zu behindern. Aus der Erwähnung der örtlichen Organe der Staatsmacht im Tatbestand folgt, daß der durch § 18 geschützte Personenkreis sich nach dem Gesetz über die örtlichen Organe der Staatsmacht[212]) bestimmt. Örtliche Organe der Staatsmacht sind die in § 2 dieses Gesetzes angeführten örtlichen Volksvertretungen sowie die in §§ 28 ff. des Gesetzes erwähnten Räte als die vollziehenden und verfügenden Organe der örtlichen Volksvertretungen. Es herrscht Übereinstimmung darüber, daß sich der Schutz des § 18 auf andere staatliche Organe

---

[204]) Stiller, Staatsverbrechen S. 84.
[205]) Staat u. Recht, 56, 83.
[206]) Staat u. Recht, 56, 84.
[207]) NJ 56, 98.
[208]) NJ 58, 81.
[209]) NJ 59, 6.
[210]) Staatsverbrechen, S. 84.
[211]) a. a. O., S. 85.
[212]) v. 17. 1. 1957, GBl. I, 65; vgl. auch Stiller, Staatsverbrechen, S. 88.

und die einzelnen Abteilungen der Räte nicht erstreckt[213]). Der weitreichende Schutz der örtlichen Staatsorgane läßt sich erklären aus der besonderen Bedeutung, die diesen Organen im politischen System der Zone beigemessen wird.

Der objektive Tatbestand des § 18 erfordert die Behinderung oder das Unmöglichmachen der gesetzmäßigen Tätigkeit der genannten Organe oder Personen. Der Umfang der gesetzlichen Tätigkeit ergibt sich ebenfalls aus dem Gesetz über die örtlichen Organe der Staatsmacht[214]) (vgl. §§ 6 ff., 32 ff.). Stiller[215]) zählt dazu auch die politisch-ideologische Arbeit mit den Werktätigen, die mit den Abgeordnetenpflichten zusammenhänge. Woraus er eine solche Abgeordnetenpflicht herleitet, ist nicht ersichtlich. Die Ausdehnung der gesetzmäßigen Tätigkeit der Abgeordneten auch auf die politisch-ideologische Arbeit ließe sich allenfalls aus § 22 Ziff. d) des Gesetzes über die örtlichen Organe der Staatsmacht rechtfertigen, wonach die Abgeordneten die Pflicht haben, „eine enge und ständige Verbindung mit der Bevölkerung zu halten, ihr die staatliche Politik und insbesondere die Gesetze zu erläutern ..." Die entsprechende Ausdehnung gerade dieser Bestimmung kann aber zu einer Auslegung des Begriffs der gesetzmäßigen Tätigkeit i. S. des § 18 führen, die dann zur Folge hat, daß die Strafvorschrift des § 18 die örtlichen Funktionäre, wie Lange[216]) ausführt, praktisch mit einem völligen Tabu umgibt. Da zu § 18 noch keine auswertbare Rechtsprechung vorliegt, können über die Handhabung der Bestimmung in der Praxis noch keine Feststellungen getroffen werden.

8. Von besonderer Bedeutung und Problematik innerhalb der Delikte des StEG sind die staatsgefährdende Hetze des § 19 und die Staatsverleumdung des § 20. Nach Reinwarth[217]) nahmen in der bisherigen Rechtsprechung des OG seit Inkrafttreten des StEG die Verurteilungen nach § 19 den breitesten Raum ein. Mit Rücksicht auf den von der Fassung der Tatbestände her gegebenen engen Zusammenhang beider Delikte und die sich daraus für Theorie und Praxis ergebenden Abgrenzungsschwierigkeiten sollen beide Tatbestände nebeneinander untersucht werden.

§ 19 Abs. 1 bedroht mit Strafe denjenigen, der

1. den Faschismus oder Militarismus verherrlicht oder propagiert oder gegen andere Völker und Rassen hetzt,
2. gegen die Arbeiter- und Bauern-Macht hetzt, gegen ihre Organe, gegen gesellschaftliche Organisationen oder gegen einen Bürger wegen seiner staatlichen oder gesellschaftlichen Tätigkeit oder seiner Zugehörigkeit zu einer staatlichen Einrichtung oder gesellschaftlichen Organisation hetzt, Tätlichkeiten begeht oder sie mit Gewalttätigkeiten bedroht.

---

[213]) Stiller, a. a. O., Aussprache über das StEG NJ **58, 81.**

[214]) So Stiller, a. a. O.

[215]) a. a. O.

[216]) Die Justiz, S. 141.

[217]) NJ 59, 6.

In § 19 Abs. 2 wird die Herstellung, Einführung oder Verbreitung von Schriften oder anderen Gegenständen mit hetzerischem Inhalt mit Strafe bedroht.

Nach § 20 wird bestraft, wer

1. die Maßnahmen oder die Tätigkeit staatlicher Einrichtungen oder gesellschaftlicher Organisationen öffentlich verleumdet oder entstellt,
2. einen Bürger wegen seiner staatlichen oder gesellschaftlichen Tätigkeit oder seiner Zugehörigkeit zu einer staatlichen Einrichtung oder gesellschaftlichen Organisation öffentlich verleumdet oder verächtlich macht.

a) § 19 Abs. 1 Ziff. 1 erinnert in der Verwendung diffamierender und wertausfüllungsbedürftiger Begriffe stark an den berüchtigten Art. 6 DDV. Seine Anwendung bereitet in der zonalen Praxis aber kaum Schwierigkeiten. Als Beispiele für die Propagierung von Faschismus nennt Stiller[218]) das Anschmieren von Hakenkreuzen und SS-Runen sowie das Singen oder Spielen faschistischer Lieder. Etwas weit dürfte er jedoch in seiner Auslegung gehen, wenn er das Erzählen von Erlebnissen aus der Soldatenzeit als Verherrlichung des Militarismus bezeichnet. Von der Rechtsprechung[219]) wurden als faschistische Propaganda gewertet der Ausruf „Sieg-Heil" und der Heil-Hitler-Gruß. Es liegt auf der Hand, daß die Völkerhetze i. S. des § 19 Abs. 1 Ziff. 1 auf Antisowjethetze und Hetze gegen andere Satelliten beschränkt ist.

a_1) Im Gegensatz zu § 19 Abs. 1 Ziff. 1 stößt die Anwendung der Ziff. 2 in der Praxis immer wieder auf erhebliche Schwierigkeiten und war bisher mehrfacher Kritik ausgesetzt[220]). Die Schwierigkeiten liegen — worauf auch Leim[221]) hinweist — besonders darin begründet, daß hinsichtlich des Angriffsgegenstandes § 19 Abs. 1 Ziff. 2 und § 20 im wesentlichen übereinstimmen. Der Unterschied zwischen beiden Bestimmungen besteht lediglich in der Tathandlung als solcher, d. h. der Hetze i. S. des § 19 und der Verleumdung i. S. des § 20. Theorie und Praxis haben sich wiederholt um eine Abgrenzung zwischen beiden Delikten bemüht. In einer ersten Aussprache über das StEG bei den zentralen Justizorganen wurde die Hetze definiert als „die Behauptung von Unwahrheiten oder die entstellte Darstellung von Tatsachen, die geeignet ist, bei dem zu Verhetzenden eine feindliche Einstellung gegen das Angriffsziel der Hetze zu erzeugen oder eine vorhandene feindliche Haltung zu verstärken." Ausgegangen wird also von rein objektiven Kriterien, nämlich von der objektiven Eignung der Behauptung, eine feindliche Einstellung zu erzeugen bzw. zu verstärken. In seinem Versuch der Abgrenzung beider Delikte voneinander knüpft Leim[223]) an die

---

[218]) Staatsverbrechen, S. 92/93.
[219]) OG in NJ 58, 574.
[220]) Leim NJ 58, 694, Reinwarth NJ 59, 9.
[221]) a. a. O.
[222]) NJ 58, 81.
[223]) a. a. O.

oben wiedergegebene Definition der Hetze an. In Ergänzung dazu bezeichnet er als den „sichersten Hinweis", ob Hetze oder Staatsverleumdung gegeben sei, die Frage nach dem im konkreten Fall angegriffenen Objekt. Hetze sei ein Staatsverbrechen. § 19 schütze die ideologischen und politischen Grundlagen der DDR[224]). Der Hetzer wolle auf das Bewußtsein seiner Hörer einwirken und bei ihnen eine feindliche Einstellung gegen das Angriffsziel seiner hetzerischen Äußerungen erzeugen. Er wolle das Vertrauen zur Arbeiter- und Bauern-Macht oder zur Partei der Arbeiterklasse erschüttern[225]).

Bei der Staatsverleumdung sei das Motiv des Verleumders nicht wie beim Hetzer in einer staatsfeindlichen Einstellung zu sehen, sondern entspringe oft zurückgebliebenem Bewußtsein. Häufig seien auch Prahlsucht, Geltungsbestreben oder auch augenblickliche Verärgerung Gründe, die zu einer Staatsverleumdung führen. Leim räumt in diesem Zusammenhang ein, daß eine solche verleumderische, entstellende oder herabsetzende Äußerung sich natürlich auch hemmend auf das Bewußtsein der Zuhörer auswirken und Zweifel an der Richtigkeit der angegriffenen Maßnahme oder an der Lauterkeit der angegriffenen Person wecken könne. Diese Äußerungen wirkten aber nicht aufhetzend und aufwiegelnd in feindlichem Sinne auf die Zuhörer. Bringt man diese von Leim angeführten Unterscheidungskriterien in Zusammenhang mit der o. a. — und auch von Leim befürworteten — Definition der Hetze, so führt das zu der mehr als merkwürdigen Folgerung, daß die Eignung einer Äußerung, „eine feindliche Einstellung ... zu erzeugen", von dem Motiv des Täters abhängt. Nur wenn der Täter auch wirklich aufhetzen will, wäre danach der objektive Tatbestand des § 19 erfüllt. Dies bedeutet aber eine Verwischung der Grenzen zwischen objektivem und subjektivem Tatbestand, und das Problem der Abgrenzung zwischen Hetze und Staatsverleumdung wird ganz auf die subjektive Seite verlagert. Die wiederholt erwähnte offizielle Definition der Hetze wird damit aber wertlos. Ähnlich wie Leim stellt auch Stiller[226]) in dieser Frage vorwiegend auf subjektive Gesichtspunkte ab. Gegen die Überbetonung der subjektiven Tatseite bei der Abgrenzung zwischen Hetze und Staatsverleumdung wendet sich ausdrücklich Reinwarth[227]). Er führt aus, daß die Feststellung, ob die betreffende Handlung von einem hetzerischen Vorsatz getragen ist, mit Sicherheit nur an Hand einer Reihe objektiver Kriterien möglich sei. Dazu gehörten, neben der Art und dem Charakter der betreffenden Äußerung, Tätlichkeiten oder Schriften, die derzeitige politische Situation und die konkreten Umstände, unter denen sich die Handlung zugetragen habe, ihre eingetretenen oder möglichen Auswirkungen, die Ursachen der Tat und nicht zuletzt die Person des Täters, wobei seine soziale Herkunft und Stellung, vor allem seine politische Haltung in der Vergangenheit und Gegenwart, seine Einstel-

---

[224]) So auch Stiller, Staatsverbrechen, S. 90/91.

[225]) Hierzu und zu den weiteren Erörterungen vgl. auch Stiller/M. Benjamin NJ 58, 191/192.

[226]) Staatsverbrechen, S. 92, NJ 58, 191.

[227]) NJ 59, 9.

lung zur Arbeit zu beachten seien. Ebensowenig wie Leim und Stiller gibt auch Reinwarth eine Abgrenzung nach objektiven Momenten. Vielmehr stellt auch er auf den hetzerischen Vorsatz ab. Lediglich der Beweis, daß ein solcher Vorsatz vorhanden ist, soll an Hand objektiver Kriterien erbracht werden. Auf die von ihm erwähnten Merkmale weist auch Leim[228]) hin. So mißt er eine große Bedeutung in der Frage der Abgrenzung dem Zeitpunkt der feindlichen Äußerung bei. Dieselbe Äußerung, die zu einer anderen Zeit von den Zuhörern nicht weiter beachtet werde, könne unter bestimmten Umständen zu einer ausgesprochenen Hetze werden. Entscheidend für die Beurteilung sei die jeweilige Klassenkampfsituation, die nicht nur im internationalen oder nationalen, sondern auch im örtlichen Bereich zu beachten sei.

Die ganze Diskussion um die Abgrenzung von Hetze und Staatsverleumdung zeigt, zu welchen Verwirrungen und Unklarheiten die Aufnahme subjektivistischer Elemente in den Tatbestand führen kann, ja, führen muß. So hatte sich auch Bader[229]) ganz mit Recht gegen die Aufnahme solcher Elemente in das Staatsschutzrecht der Bundesrepublik gewandt. Im Zusammenhang mit dem im damaligen Regierungsentwurf enthaltenen § 80 über den Friedensverrat führte er aus, daß auch ein Begriff wie der des Hetzens Elemente tatbestandsmäßiger Unsicherheit enthalte. Daß es bis heute auch der sowjetzonalen Theorie und Praxis nicht gelungen ist, die derartigen Begriffen innewohnende Unsicherheit zu beseitigen, haben die obigen Ausführungen bewiesen.

a_2) Die verschiedenen oben wiedergegebenen sowjetzonalen Meinungen stellen auf den hetzerischen Vorsatz als entscheidendes Kriterium der Hetze ab. Hierzu in krassem Widerspruch steht die von Stiller[230]) im Anschluß an das BG Schwerin[231]) vertretene Auffassung, daß eine nach dem Genuß alkoholischer Getränke im Zustand verminderter Zurechnungsfähigkeit begangene, gemäß § 19 strafbare Handlung nicht der Strafmilderung des § 51 Abs. 2 StGB unterliegt. Mit Rücksicht darauf, daß „hetzerische Äußerungen" häufig nach Alkoholgenuß getan werden, kommt dem o. a. Urteil besondere Bedeutung zu. In den Gründen wird u. a. dargelegt, daß zwar der in dem Sprichwort „Im Wein liegt Wahrheit" kurz ausgedrückten Auffassung, daß der Trunkene im Zustand der Trunkenheit erst sein wahres Gesicht zeige, in dieser Allgemeinheit nicht beigetreten werden könne. Es dürfe aber als sicher angesehen werden, daß der Genuß alkoholischer Getränke den Trinker zunächst in einen sorglosen und heiteren Gemütszustand versetze und seine Hemmungen beseitige. Die ersten Hemmungen, die beseitigt würden, seien der Natur der Sache nach solche, die nicht auf den Charaktereigenschaften des einzelnen, auf seinen Anschauungen und Auffassungen fußen, sondern solche, die durch äußere Einflüsse, etwa gesellschaftlichen oder moralischen Zwang, hervorgerufen worden seien. Wörtlich heißt es weiter:

---

228) NJ 58, 695 ff.
229) 38. DJT E 30.
230) Staatsverbrechen, S. 98.
231) NJ 58, 541.

„Eine dieser Hemmungen ist bei solchen Menschen, die der Entwicklung in unserem Staat ablehnend gegenüberstehen, die Furcht, bei hetzerischen Äußerungen dieser feindlichen Einstellung bestraft zu werden. Diese Furcht wird durch die Einwirkungen des Alkohols beseitigt. In solchen Fällen also, in denen Alkoholgenuß noch nicht zur krankhaften Beeinträchtigung der Geistestätigkeit eines Menschen geführt hat, der im Zustand der Trunkenheit staatsgefährdende Hetze betreibt, kommt der Auffassung, daß der trunkene Hetzer sein wahres Gesicht zeigt, durchaus entsprechende Bedeutung zu, wenn nicht etwa die Hetzerhandlungen sich als völlig persönlichkeitsfremd darstellen[232])."

Dieses Urteil zeigt, daß unter dem sowjetzonalen Regime die Gedanken nicht frei sind. Es ist ein Beweis für die völlige Abkehr von einem echten Schuldstrafrecht. Dies ist Gesinnungsstrafrecht in vollendeter Form.

a_3) Zum Angriffsgegenstand der Hetze führt Stiller[233] aus, daß unter den in Abs. 1 Ziff. 2 genannten Organen außer den Volksvertretungen auch die zentralen und örtlichen Organe der Staatsverwaltung zu verstehen seien, ebenso die Justiz, die Staatsanwaltschaft, die Deutsche Volkspolizei, die Nationale Volksarmee usw. Wenn nach Stiller[234]) der Begriff gesellschaftliche Tätigkeit der Oberbegriff ist, der auch jede staatliche Tätigkeit umfaßt, d. h. die Tätigkeit als Volksvertreter, als Mitarbeiter staatlicher Organe oder Einrichtungen und auch die Tätigkeit als Richter und Staatsanwalt, dann ist nicht einzusehen, warum das Gesetz neben bzw. vor der gesellschaftlichen die staatliche Tätigkeit erwähnt. Weiter nennt Stiller die Tätigkeit von Funktionären und aktiven Mitgliedern von Parteien und Massenorganisationen. Der Begriff „gesellschaftliche Tätigkeit" umfasse jede Förderung des sozialistischen Aufbaus. In Anlehnung an die Rechtsprechung des OG[235]) dehnt Stiller diesen Begriff auch auf „Helden der Arbeit", „Aktivisten", „Bestarbeiter" und „Neuerer" aus. Wie schon an anderen Stellen wird auch hier wieder deutlich, wie stark sich der Staat, dessen ideologische und politische Grundlagen nach zonaler Auffassung ja durch § 19 geschützt werden sollen[236]), mit der Gesellschaft bzw. mit den den Staat stützenden Gliedern der Gesellschaft identifiziert.

Stiller[237]) hebt noch hervor, daß es sich bei allen Formen der Hetze um Tätigkeitsverbrechen handle. Ein bestimmter Erfolg werde nicht vorausgesetzt. Die Hetze gegenüber einem bewußten Staatsbürger, wie z. B. gegenüber einem Angehörigen der Volkspolizei, sei in gleicher Weise strafbar wie gegenüber einem labilen Menschen, bei dem eine ideologische Wirkung mit der Hetze erzeugt wurde. Hiermit setzt sich Stiller erneut in Widerspruch zu sich selbst und zu der in den Seminaren gegebenen Definition der Hetze.

---

[232]) Vgl. zu dem Urteil auch Hiller NJ 58, 600, der dem Urteil voll zustimmt.

[233]) Staatsverbrechen, S. 94.

[234]) a. a. O.

[235]) NJ 58, 323.

[236]) Vgl. oben S. 42.

[237]) Staatsverbrechen, S. 95.

Wie Stiller an anderer Stelle[238]) nämlich selbst ausführt, müssen die Handlungen objektiv geeignet sein, eine derartige — d. h. negative — Wirkung zu erzielen, und gemäß der offiziellen Definition ist Voraussetzung der Hetze, daß die Behauptung von Unwahrheiten und die entstellte Darstellung von Tatsachen geeignet ist, bei dem zu Verhetzenden eine feindliche Einstellung zu erzeugen. Es dürfte aber unzweifelhaft sein, daß die einem „bewußten Staatsbürger" gegenüber gemachte entsprechende Äußerung nicht geeignet ist, eine feindliche Einstellung zu erzeugen, während sie gegenüber einem „labilen Menschen" getan dazu geeignet sein kann. Die Konsequenz, die Stiller aus der von ihm aufgestellten Behauptung, daß ein bestimmter Erfolg in § 19 nicht vorausgesetzt werde, zieht, ist also völlig willkürlich und im Zusammenhang mit seiner eigenen Auffassung an anderer Stelle falsch.

b) Im Gegensatz zu § 19 ist die Staatsverleumdung des § 20 nach überwiegender zonaler Auffassung kein Staatsverbrechen[239]). Auf den von der zonalen Theorie herausgearbeiteten Unterschied zwischen beiden Delikten wurde bereits eingehend eingegangen.

b_1) Hinsichtlich der Tatbestandsmerkmale „staatliche Einrichtungen oder gesellschaftliche Organisationen" sowie der in Ziff. 2 erwähnten Tatbestandselemente kann ebenfalls auf die obigen Ausführungen[240]) verwiesen werden. Unter den in § 20 Ziff. 1 genannten Maßnahmen und Tätigkeiten versteht Stiller[241]) u. a. Beschlüsse der örtlichen Volksvertretungen, die Verwaltungsakte und die Organisations- und Tätigkeitsformen der anderen genannten Einrichtungen. Maßnahmen und Tätigkeit der gesellschaftlichen Organisationen sind deren Aufrufe, Beschlüsse politischer und organisatorischer Art und deren Durchführung, auch wenn es sich um Maßnahmen und die Tätigkeit der Grundeinheiten handelt. Diese beiden Begriffe erfassen nach Stiller das gesamte Wirken der staatlichen Einrichtungen und gesellschaftlichen Organisationen. Auch der Tatbestand der Staatsverleumdung ist erklärbar nur aus der Tendenz, alles gesellschaftliche Leben in die Staatssphäre einzubeziehen. Auch diese Strafvorschrift spiegelt das Grundphänomen des Totalitarismus wider, der darauf abzielt, die Identität von Staat und Gesellschaft herbeizuführen.

b_2) Die Tathandlung des § 20 ist gekennzeichnet als verleumden, entstellen oder verächtlichmachen.

Verleumden ist nach Stiller[242]) die Behauptung oder Verbreitung herabsetzender Unwahrheiten. Das Merkmal des Entstellens liege vor, wenn etwas Richtiges durch Hinzufügen oder Weglassen bewußt so verändert wird, daß etwas Falsches daraus wird. Von einer Verächtlichmachung sei immer dann zu sprechen, wenn Unwahrheiten behauptet werden, um den Gegenstand des Angriffs in der Achtung anderer herabzusetzen, aber auch

---

238) a. a. O., S. 94.
239) Renneberg NJ 58, 10; Leim NJ 58, 695; Stiller, Staatsverbrechen S. 98.
240) S. 44.
241) Staatsverbrechen S. 99.
242) Staatsverbrechen S. 99.

dann, wenn Wahrheiten in einer solchen Form geäußert werden, daß sie eine herabwürdigende Wirkung haben[243]). Bei allen drei Begehungsformen stellt Stiller auf die Tatsachenbehauptung ab. Seinen Ausführungen ist nicht zu entnehmen, ob § 20 auch Verbalinjurien erfaßt. Sein Hinweis auf ein Urteil des OG läßt jedoch darauf schließen, daß er auch diese unter § 20 subsumiert. In dem o. a. Urteil hatte das OG[244]) die Entscheidung des Vordergerichts, das nach § 185 StGB verurteilt hatte, aufgehoben mit der Begründung, daß die von dem Angeklagten über Volkspolizisten gemachten Äußerungen — „Laß doch die Schweinehunde stehen, die sollen lieber arbeiten, aber da seid ihr ja zu faul dazu" — eine Verächtlichmachung im Sinne einer Staatsverleumdung darstellen. Dieses Urteil ist übrigens ein typisches Beispiel für die Auslegungspraktiken zonaler Gerichte. Das Gericht führt aus, daß die vom Angeklagten getanen Äußerungen zur Zeit der Tat nach § 131 StGB — der durch § 27 StEG aufgehoben worden ist — zu beurteilen waren. § 131 stellt aber ausdrücklich auf die Behauptung oder Verbreitung von Tatsachen ab. Es dürften aber wohl kaum Zweifel bestehen, daß die oben wiedergegebenen Äußerungen des Angeklagten keine Tatsachenbehauptungen, sondern Meinungsäußerungen bzw. Werturteile darstellen. Die Anwendung des § 131 StGB auf den vorliegenden Fall wäre demnach falsch gewesen. Das Urteil des OG beweist erneut, wie sehr man darauf bedacht ist, die Funktionäre mit einem weitreichenden strafrechtlichen Schutz zu umgeben.

b_3) Hinsichtlich des Merkmals „öffentlich" in § 20 herrscht in der zonalen Theorie und Praxis noch erhebliche Unstimmigkeit. Ausgangspunkt der Diskussion war eine Entscheidung des OG[245]) zu § 131 StGB. In den Gründen zu diesem Urteil führt das Gericht aus, daß seine bisherige Rechtsprechung, nach der es für das Tatbestandsmerkmal der Öffentlichkeit i. S. des § 131 StGB in erster Linie darauf ankomme, ob die staatsverleumderische Äußerung für einen der Zahl und der Zusammensetzung nach unbestimmten, nicht durch besondere persönliche Beziehungen verbundenen Personenkreis gehört werden konnte, nicht richtig sei. Für § 131 StGB genüge vielmehr, daß die Möglichkeit der Kenntnisnahme der staatsverleumderischen Behauptungen durch einen unbestimmten Personenkreis bestünde. Diese Möglichkeit könne auch dann gegeben sein, wenn der Täter erwartete, daß seine auch nur einer oder wenigen Personen gegenüber abgegebene Erklärung an einen unbestimmten Personenkreis weitergegeben werde. Für die Feststellung des Merkmals der Öffentlichkeit sei auch die Wahl des Ortes mit den sich daraus ergebenden unterschiedlichen Möglichkeiten des Mithörens durch weitere Personen in Betracht zu ziehen. So werde die Öffentlichkeit dann zu bejahen sein, wenn es sich dabei um einen unbeschränkt zugänglichen Ort, wie z. B. Straßen, Hotels, Verkaufsstellen oder um Räume und Einrichtungen handelt, die ihrer Art und Bestimmung nach öffentlichen

243) a. a. O.
244) NJ 58, 574.
245) NJ 58, 68.

Zwecken dienen, wie z. B. öffentliche Verkehrsmittel, Diensträume staatlicher Einrichtungen usw. Ausnahmsweise könne jedoch auch in diesen Fällen der Ort allein die Öffentlichkeit nicht begründen, wenn die Kenntnisnahme durch andere Personen im konkreten Fall objektiv unmöglich ist, z. B. wenn die Mitteilung auf einsamer Landstraße geschehe. Ausschließlich dem persönlichen Leben und Gebrauch dienende Räume, wie Privatwohnungen, scheiden aus dem Kreis der Örtlichkeiten, die für sich allein geeignet seien, die Öffentlichkeit zu begründen, aus. Das Merkmal der Öffentlichkeit sei dann nicht gegeben, wenn die Mitteilungen an einem Ort, der nicht als öffentlich i. S. der vorstehenden Ausführungen angesehen werden kann, gegenüber Personen gemacht werden, die zum Täter in einem Verhältnis der in § 46 StPO (zonaler Fassung[246]) beschriebenen Art oder in Beziehungen von ähnlicher Vertrautheit stehen, wie das zum Beispiel bei Verlobten der Fall sei[247]). In allen diesen Fällen müsse jedoch der Täter dafür Sorge getragen haben, daß seine Mitteilungen als nicht zur Weitergabe bestimmt erkennbar werden.

In einer kritischen Stellungnahme zu diesem Urteil führt Schmidt[248]) aus, daß die Anzahl der Hörer oder eventuellen Empfänger einer staatsverleumderischen Äußerung für das Merkmal der Öffentlichkeit völlig unwichtig sei. Staatsverleumderische Äußerungen könnten nicht durch die Tatsache, daß sie nur einer Person gegenüber — und sei es nachts auf einsamer Landstraße — vorgebracht werden, zu straflosen Äußerungen werden. Die Einführung von Momenten, „ob der Täter mit der Weitergabe hätte rechnen müssen", führe zu einem hoffnungslosen Subjektivismus. Nicht neben der Zahl der Empfänger, sondern in erster Linie entscheidend für den Öffentlichkeitsbegriff sei der Ort. Nach Schmidt ist die an solchen Orten auch nur einer Person gegenüber abgegebene Äußerung öffentlich, unabhängig, ob sie weitererzählt wird oder nicht, unabhängig auch, ob der Täter mit der Weitergabe rechnen mußte oder nicht.

Diese Kritik hat ihrerseits die Kritik Löwenthals[249]) hervorgerufen, die sich einmal gegen die Auffassung Schmidts richtet, daß die Anzahl der Hörer oder eventuellen Empfänger einer staatsverleumderischen Äußerung für das Merkmal der Öffentlichkeit völlig unwichtig sei. In erster Linie kommt es nach Löwenthal darauf an, wem gegenüber die zur Anklage gestellte Äußerung gemacht worden ist. Als nicht öffentlich seien Bemerkungen anzusehen, die zu einer mit dem Täter i. S. des § 46 StPO (Zone) verbundenen oder mit ihm in einem ähnlichen Vertrauensverhältnis stehenden Person gemacht worden sind. Als unrichtig bezeichnet Löwenthal ferner die von Schmidt vertretene Meinung, daß es nicht darauf ankomme, ob der Täter dafür Sorge

---

[246]) Der in § 46 StPO Zone aufgeführte Personenkreis ist erheblich kleiner als in § 52 StPO BR.

[247]) Im Gegensatz zu § 52 StPO BR sind Verlobte nach § 46 StPO Zone nicht zur Zeugnisverweigerung berechtigt.

[248]) NJ 58, 819.

[249]) NJ 59, 55.

getragen habe, daß seine Mitteilungen als nicht zur Weitergabe bestimmt erkennbar waren. Löwenthal glaubt, daß es sehr wohl darauf ankommen kann, nämlich dann, wenn der Täter ausdrücklich zur Weiterverbreitung auffordere oder den Umständen nach damit rechne. Zur Frage des Ortes führt er aus, daß in Fällen, in denen Äußerungen vor einem größeren Personenkreis oder zu einzelnen Personen, die nicht in den näher beschriebenen Vertrauensverhältnissen zum Täter stehen, gemacht werden, der Ort der Mitteilung überhaupt keine Rolle spiele. Er falle nur dann als entscheidendes Kriterium ins Gewicht, wenn von der Person des Mitteilungsempfängers her zwar die Voraussetzungen der Öffentlichkeit nicht gegeben waren, aber die Äußerung in einer Umgebung gemacht worden ist, in der mit ihrem Anhören zu rechnen war.

Der Kritik Schmidts an dem Urteil des OG ist insofern beizupflichten, als die „Einführung von Momenten ‚ob der Täter mit der Weitergabe hätte rechnen müssen'" tatsächlich zu einem „hoffnungslosen Subjektivismus" führt. Eine Äußerung wird nicht dadurch zu einer öffentlichen, daß der Täter sie für öffentlich hält. Bei der Öffentlichkeit handelt es sich um ein objektives Tatbestandsmerkmal, dessen Vorliegen nicht vom Willen des Täters abhängig sein kann. Nicht vertretbar ist jedoch die Auffassung Schmidts, daß es auf die Anzahl der Hörer überhaupt nicht ankomme, sondern auf den Ort. Der Begriff Öffentlichkeit wird damit völlig sinnentleert. Und die Sache wirkt geradezu grotesk, wenn man sich das erwähnte Beispiel von der einsamen Landstraße vor Augen führt.

So verschieden die wiedergegebenen Auslegungen des Öffentlichkeitsbegriffs untereinander auch sein mögen, allen gemeinsam ist, daß der Begriff derart extensiv ausgelegt wird, daß praktisch jede abfällige Äußerung, gleichgültig wo und wem gegenüber getan, zu einer Bestrafung nach § 20 führen kann. Daß die mögliche Einengung des Öffentlichkeitsbegriffs durch die Ausklammerung des in § 46 StPO (Zone) genannten Personenkreises und solcher Personen, die in einem vertrauensähnlichen Verhältnis zueinander stehen, ebenfalls als illusorisch zu betrachten ist, zeigt ein Urteil des BG „Karl-Marx-Stadt"[250]). Der Angeklagte hatte vor seiner Freundin und der Mutter dieser Freundin in deren Wohnung „staatsverleumderische" Äußerungen gemacht. Das Gericht führt aus, daß aus dem Verhalten des Angeklagten zu erkennen sei, daß es ihm nicht darum ging, sich eine Frau für das Leben zu suchen, sondern geschlechtlich zu verkehren. Trotz der geschlechtlichen Beziehungen könne keinesfalls von einem Verhältnis besonderer Vertrautheit gesprochen werden. Außerdem habe der Angeklagte den beiden Frauen nichts darüber gesagt, daß sie das von ihm Gehörte nicht weitererzählen dürften. Das Gericht kam zu dem Schluß, daß unter Beachtung dieser Umstände zwischen dem Angeklagten und der Familie H. nur ein lockeres Verhältnis bestand, so daß das Merkmal der Öffentlichkeit der Staatsverleumdung als gegeben anzusehen sei.

---

[250]) NJ 58, 649.

Eines weiteren Beweises dafür, wie weit das Zonenregime in die Individualsphäre seiner Gewaltunterworfenen eingreift, bedarf es nach dem Gesagten nicht.

9. Ein ernstes Problem für die Zonenmachthaber stellte die anhaltende Republikflucht dar. Von 1949 bis Ende 1959 haben nicht weniger als 2,3 Millionen Menschen die Zone verlassen und einen Antrag im Rahmen des Notaufnahmeverfahrens gestellt[251]). Diesen Vorgängen versuchte das Regime entgegenzuwirken, indem außer der in § 8 PaßG unter Strafe gestellten Republikflucht in § 21 StEG auch die Verleitung zum Verlassen der „DDR" mit hoher Strafe bedroht wird.

Der objektive Tatbestand des § 21 sieht verschiedene Formen der Abwerbung[252]) vor:

a) Erfolgt die Abwerbung im Auftrag von „Agentenorganisationen, Spionageagenturen oder Wirtschaftsunternehmen" oder, zwar ohne Auftrag, „zum Zwecke des Dienstes in Söldnerformationen" — worunter man z. B. die Streitkräfte der NATO versteht[253]), ist die Strafe unbeschränkt Zuchthaus und fakultativ Vermögenseinziehung. Nach Jahn[254]) umfassen die in § 21 Abs. 1 Ziff. 1 genannten Agentenorganisationen und Spionageagenturen „alle Agenturen, die sich mit Subversion gegen die DDR befassen". Zu den im Tatbestand ebenfalls erwähnten „ähnlichen Dienststellen" rechnet er außer den Ostbüros der westdeutschen Parteien auch „diejenigen Institutionen der Kirchenhierarchie Westdeutschlands, die sich der NATO-Politik verschrieben haben, so z. B. die verschiedenen evangelischen Akademien und Studentengemeinschaften"[255]). Unter den Begriff „Wirtschaftsunternehmen" fallen nach Jahn[256]) nicht nur Konzernbetriebe. Vielmehr seien als Wirtschaftsunternehmen kapitalistische Betriebe aller Art im kapitalistischen Ausland anzusehen. Dieser Auffassung hat sich das OG in dem Urteil 1a Ust 31/58[257]) angeschlossen. Vom Tatbestand her ist die Begrenzung auf „kapitalistische Betriebe im kapitalistischen Ausland" nicht gegeben, und die Frage wäre nicht unberechtigt, wie gegen den Abwerber zu verfahren ist, der im Auftrag sozialistischer Unternehmen sozialistischer Staaten jemanden zum Verlassen der „DDR" verleitet. Diese Frage stellen, hieße jedoch das oben dargelegte Prinzip des Internationalismus im bolschewistischen System verkennen. Und dennoch können hier Zweifel auftauchen. Man nehme den Fall, ein SBZ-Bürger wird im Auftrag eines sozialistischen Unternehmens nach Jugoslawien abgeworben. Hier dürfte es zu weit gehen, Ju-

---

[251]) Ostwald SBZ-Archiv, 60, 121.

[252]) Der Terminus „Abwerbung" wurde von der Rechtsprechung zu Art. 6 DDV für den in § 21 umschriebenen Tatbestand verwendet, später aber abgelehnt, vgl. Kühlig NJ 56, 431, Renneberg NJ 58, 11.

[253]) Jahn NJ 58, 845.

[254]) a. a. O., S. 844 ff.

[255]) a. a. O. S. 845.

[256]) a. a. O.

[257]) Zitiert nach Reinwarth NJ 59, 11.

goslawien als kapitalistisches Ausland zu bezeichnen. Andererseits kann mit Rücksicht auf die politische Haltung des Titoregimes gegenüber dem Satellitensystem der Sowjetunion die Abwanderung von SBZ-Bürgern nach Jugoslawien nicht im Sinne der Zonenmachthaber sein. Dieses Beispiel zeigt, daß unter Berücksichtigung der politischen Zielsetzung des Regimes die von Jahn gegebene und vom OG übernommene Definition des Wirtschaftsunternehmens zu eng ist. Daß sowohl von Jahn als auch vom OG alle jene Wirtschaftsunternehmen gemeint sind, die sich außerhalb des von Moskau abhängigen Satellitensystems befinden, dürfte jedoch keinem Zweifel unterliegen.

b) In § 21 Abs. 2 wird die Bestrafung der Abwerbung nicht von einem Auftrag der in Abs. 1 erwähnten Stellen abhängig gemacht, ist jedoch an bestimmte Merkmale in der Person des Abgeworbenen gebunden. Strafbar ist danach die Abwerbung von Jugendlichen oder in der Berufsausbildung stehenden Menschen oder von Personen mit besonderen Fähigkeiten und Leistungen oder wegen ihrer beruflichen Tätigkeit.

Jugendlicher i. S. des § 21 Abs. 2 ist, wer noch nicht das 18. Lebensjahr vollendet hat[258]).

Zum Tatbestandsmerkmal „Berufsausbildung" stellt das OG[259]) fest, daß eine Berufsausbildung ein bestimmtes zum Zeitpunkt der Tat bestehendes Ausbildungsverhältnis erfordere, wie dies z. B. bei Lehrlingen, Praktikanten und Studenten der Fall sei. Ferner könne eine Berufsausbildung vorliegen, wenn die betreffende Person zum Zeitpunkt der Verleitung zum Verlassen der Deutschen Demokratischen Republik zwar eine an sich schon eigenständige berufliche Tätigkeit ausübe, für sie aber bereits ein bestimmter Plan festliege, in einer weiteren Ausbildung eine höhere oder andersartige Qualifikation zu erwerben.

Während es sich bei dem Begriff Berufsausbildung um ein festumrissenes Tatbestandsmerkmal handelt, dessen Auslegung durch die bisherige Rechtsprechung auch nicht zu beanstanden ist, trifft dies für das Tatbestandsmerkmal „wegen ihrer beruflichen Tätigkeit" nicht zu. Das Gesetz selbst gibt keinerlei Anhaltspunkte dafür, was darunter zu verstehen ist. Nach Jahn[260]) umfaßt der Begriff auf der objektiven Seite jedwede von Berufs wegen ausgeübte Tätigkeit, gleichgültig ob es sich um einen gelernten Beruf, eine angelernte Tätigkeit oder sonstige Beschäftigung handelt. Auch eine in Westdeutschland in Aussicht genommene Tätigkeit falle darunter. Erforderlich sei, daß die berufliche Tätigkeit Bestandteil der ideologischen Beeinflussung war, daß sie in einem bestimmten Grade vom Täter zur Herbeiführung des Abwanderungsentschlusses ausgenutzt worden sei. Diese Auffassung wird auch vom OG[261]) geteilt.

---

[258]) OG in NJ 58, 789.
[259]) NJ 58, 790.
[260]) NJ 58, 790.
[261]) NJ 58, 791, NJ 59, 141.

c) Die Tathandlung des § 21 besteht in dem Unternehmen der Verleitung. Durch die von Jahn[262]) zusammengestellte Skala der hauptsächlichsten Begehungsformen der Verleitung wird dieser Begriff so überdehnt, daß er seinen eigentlichen Sinn völlig verliert. Als eine der wichtigsten Begehungsformen bezeichnet Jahn die direkte und offene Aufforderung zum Verlassen der „DDR". Dabei unterscheidet er bezüglich der juristischen Vollendung danach, ob die Aufforderung wahl- und planlos bei einer plötzlich sich bietenden Gelegenheit erfolgte, oder ob der Täter nach bestimmten Gesichtspunkten die Auswahl der Opfer vorgenommen hat. Im ersten Fall sei das Verbrechen beendet, wenn der Täter den Betreffenden aufsucht oder mit ihm Verbindung aufnimmt. Im letzteren Falle stelle bereits die Auswahl des Opfers eine günstige Bedingung für die Verwirklichung dar und sei als vollendetes Verbrechen zu bestrafen. — Von allen bisher gegebenen Beispielen zeigt dieses wohl am deutlichsten, zu welchen Konsequenzen die Umwandlung des Unternehmensbegriffs führt. Darüber hinaus beweist es aber auch, daß nicht nur, wie Lange[263]) feststellt, die Grenze zwischen Versuch und Vollendung immer mehr verwischt wird, sondern daß sogar die Vorbereitungshandlung immer mehr in den an sich straffreien Raum vorverlegt wird. — Als weitere Formen nennt Jahn die schriftliche Aufforderung. Auch Förderung, Unterstützung oder Bestärkung einer bereits bestehenden Neigung zur Abwanderung sei eine Begehungsform, sowie das Abhalten von der Rückkehr aus Westdeutschland. In diesem Fall bestehe die Verleitung darin, daß der Täter den Entschluß zur Rückkehr unterbindet und ihn in einen solchen zum Verbleiben in Westdeutschland verwandelt. Die von Kühlig[264]) befürwortete Beschränkung der Verleitung nur auf illegale Abwanderung wird von Jahn als unzulässig verworfen. Die tatsächliche Klassenkampfsituation in Deutschland gebiete es, Anträge auf legale Übersiedlung auch unter dem Blickpunkt einer dafür ursächlichen Verleitung zu sehen.

Im Gegensatz zu § 21 Abs. 1 ist die Verleitung in Abs. 2 an besondere Methoden der Handlung gebunden. Strafbar ist danach die mittels Drohung, Täuschung, Versprechens oder ähnlichen die Freiheit der Willensentscheidung beeinflussenden Methoden begangenen Verleitung. Auch zu diesen Methoden nimmt Jahn[265]) eingehend Stellung. Die hauptsächlichsten zur Anwendung gelangenden seien die Verherrlichung der westdeutschen Verhältnisse. Dem folge das Überreden, dessen Hauptinhalt Jahn im Anschluß an Kühlig[266]) im Zureden, im Bestärken des Entschlusses eines bereits Schwankenden, im Zerstreuen von Bedenken u. a. m. sieht. Das Versprechen beinhalte das Anerbieten oder Gewähren bestimmter Vorteile, es stelle eine Privilegierung gegenüber anderen Abwerbern dar. Eine merkwürdige Deutung gibt Jahn[267])

---

262) NJ 58, 842.
263) Die Justiz, S. 134.
264) NJ 56, 432.
265) NJ 58, 843 f.
266) NJ 56, 432.
267) NJ 58, 844.

dem Begriff Täuschung. Dieser Begriff sei im weiteren Sinne so aufzufassen, daß er alle Methoden der List, wie Verlockung, Warnung u. a. m. umfasse. Unter die Gruppe der Täuschung gehörten auch die sogenannten Warnungen vor zu erwartenden Nachteilen im Falle des Verbleibens in der DDR. Die Frage nach dem Wahrheitsgehalt der Warnung wird von Jahn jedoch nicht gestellt. Ein entscheidendes Kriterium der Täuschung ist aber, daß die behaupteten Tatsachen — hier der Inhalt der Warnung — entweder unwahr oder zumindest entstellt sind. Aus den Ausführungen Jahns kann man aber nur schließen, daß schlechthin jede Warnung Täuschung i. S. des § 21 Abs. 2 ist. Für § 21 Abs. 2 hat der überkommene Begriff Täuschung damit jegliche Bedeutung verloren. Das gleiche gilt für die Drohung. Auch hier schließt sich Jahn[268]) wieder Kühlig[269]) an, der darauf hinweist, daß es sich hier um eine Drohung im weitesten Sinne handelt und diese nicht mit der im StGB üblichen identifiziert werden könne.

Nach dem Wortlaut des Gesetzes hat es den Anschein, als solle die Strafbarkeit der Verleitung durch die Beschreibung der Methoden eine Einschränkung erfahren. Daß Theorie und Praxis nicht gewillt sind, eine solche Einschränkung anzuerkennen, beweist die von ihnen vorgenommene Überdehnung der Begriffe, die es ermöglicht, jede Form der Verleitung unter § 21 Abs. 2 zu subsumieren. Ganz unabhängig von der Auslegung der Strafvorschrift durch zonale Theorie und Praxis taucht die Frage auf nach dem Zweck der gesetzlichen Beschränkung auf die die Freiheit der Willensentscheidung beeinflussenden Methoden der Verleitung. Daß damit, was nahe läge, nicht der einzelne in seiner Entscheidungsfreiheit geschützt werden soll, ergibt sich schon aus der Tatsache, daß § 21 ein Staatsverbrechen und nicht ein Delikt gegen den einzelnen unter Strafe stellt. Die Beschreibung der Methode, Täuschung, Drohung usw. im Gesetz hätte im Zusammenhang mit dem Staatsdelikt dann einen Sinn, wenn diese Methode als erschwerender Umstand gewertet und damit z. B. für die Strafzumessung von Bedeutung sein würde; denn zweifellos ist die mittels Täuschung, Drohung und anderer Methoden vorgenommene Abwerbung wirksamer und damit auch gefährlicher für den Staat. Da § 21 Abs. 2 aber nicht einen schweren Fall der Abwerbung beschreibt, sondern das Grunddelikt[270]) ist, erweist sich die Beschränkung auf die besonderen Methoden als sinnlos. Unter Berücksichtigung des Schutzobjektes — des Staates — macht sie eine gesetzestreue Anwendung unmöglich und führt zu einer Auslegung, die, wie oben gezeigt, einer Sinnverkehrung der Begriffe gleichkommt.

d) Eine im Zusammenhang mit § 21 immer wieder auftauchende Frage ist die nach dem Grund dieser Strafnorm. Geht man zunächst von der Fassung des § 21 Abs. 2 aus, so könnte die Beschränkung der Strafbarkeit der

---

[268]) a. a. O.
[269]) NJ 56, 433.
[270]) Jahn NJ 58, 844.

Abwerbung auf einen bestimmten Personenkreis zu der Annahme Anlaß geben, daß durch § 21 Abs. 2 allein das Wirtschaftspotential, der Bestand an Fachkräften oder der personelle Bestand der „DDR" überhaupt geschützt werden sollen. Zwar spielen auch diese Faktoren keine unbedeutende Rolle, aber sie bilden nicht das eigentliche und einzige Motiv. Welche extensive Auslegung das Tatbestandsmerkmal „wegen ihrer beruflichen Tätigkeit" in Literatur und Rechtsprechung erfahren hat, wurde bereits gezeigt. Bestünde der Zweck der Strafbestimmung nur darin, den Bestand an z. B. Fachkräften zu sichern, dann bedürfte es nicht der dargelegten Auslegung, die auch die in Westdeutschland in Aussicht genommene Tätigkeit mit einbezieht. Zwei Gründe dürften es sein, die den eigentlichen Kern des § 21 Abs. 2 bilden. Einmal tut die Tatsache, daß noch heute, nach 15 Jahren, Menschen aller sozialen Schichten in großer Zahl die Zone verlassen, aller Welt kund, daß ein Leben unter dem dortigen System nicht das Erstrebenswerte ist. Mit jedem Bürger, der die Zone verläßt, sei er Rentner, Hausfrau oder Wissenschaftler, büßt das „Paradies der Arbeiter und Bauern" und damit das ganze „sozialistische Lager" an Anziehungskraft ein. Hierzu trägt der Abwerber bei. Zum andern handelt es sich um ein Phänomen, das eng mit dem Totalitarismus des bolschewistischen Systems verbunden ist. In seinem Totalitätsanspruch will der Kommunismus den ganzen Menschen erfassen. Jeder, der das „sozialistische Lager" verläßt, entzieht sich aber der Einwirkungsmöglichkeit des Systems. Und jeder, der einen anderen zum Verlassen der Zone und damit des kommunistischen Machtbereichs bestimmt oder zu bestimmen versucht, stellt diese Einwirkungsmöglichkeit in Frage[270a]). — Ein Beispiel dafür, welch immanente Rolle ideologische Momente spielen, bietet ein Urteil des BG Potsdam[271]), durch das eine Großmutter, die ihrer geflüchteten Tochter deren sechsjähriges Kind nach West-Berlin zugeführt hatte, zu mehreren Monaten Gefängnis verurteilt wurde, mit der Begründung, daß ein Kind „faschistischem Gedankengut" ausgesetzt worden sei. — Daß auch die zonale Theorie das Hauptmotiv nicht in der Sicherung z. B. der Arbeitskraft als eines Wirtschaftsfaktors sieht, zeigen die Ausführungen Jahns, der in der dem Bolschewismus eigenen Terminologie feststellt[272]):

> „Objekt der verbrecherischen Verleitung zum Verlassen der DDR sind diejenigen mit strafrechtlichem Schutz umgebenen Verhältnisse, die die staatsbürgerlichen Beziehungen zwischen unserem Staat der Arbeiter und Bauern und seinen Bürgern zum Inhalt haben und die als Ausdruck der Herrschaft der Arbeiter und Bauern die Vollendung des sozialistischen Aufbaus gewährleisten (kurz: die staatsbürgerlichen Verhältnisse).
>
> Die als Objekt gekennzeichneten sozialistischen staatsbürgerlichen

---

[270a]) Die hier vertretene Auffassung wird durch die Vorgänge seit dem 13. August 1961 bestätigt. Die Absperrmaßnahmen des zonalen Regimes werden nicht nur gegen arbeitsfähige Menschen sondern auch gegenüber alten Leuten und Kindern unnachsichtig durchgeführt.

[271]) FAZ v. 22. 3. 1960.

[272]) NJ 58, 457.

Verhältnisse sind ihrer Natur nach in erster Linie ideologische Verhältnisse. Sie drücken neben der Tatsache der Zugehörigkeit zum sozialistischen Staat auch die bewußtseinsmäßige Verbundenheit mit ihm aus. Die auf die Beseitigung dieses Verhältnisses gerichtete Abwerbetätigkeit richtet sich mithin gegen die Menschen als Träger und bewußte Gestalter aller sozialistischen gesellschaftlichen Verhältnisse, als wichtigste Produktivkraft der Gesellschaft. Der Angriff gegen diese Verhältnisse ist daher objektiv geeignet, die politisch-ideologischen Grundlagen der DDR zu untergraben, und muß demzufolge als Staatsverbrechen qualifiziert werden."

Ganz konsequent wendet sich Jahn an anderer Stelle[273]) dann auch gegen die im Schrifttum[274]) teilweise vertretene Auffassung, daß Objekt der Abwerbung z. B. der Bestand der Bevölkerung sei. Hierbei handle es sich um die Folgen des Verbrechens, die nicht eine Frage der Tatbestandsmäßigkeit, aber für die Gesamtbeurteilung der Handlung, insbesondere für die Bemessung der Strafe, äußerst wichtig seien[275]). Jahn führt weiter aus, daß der obigen Definition des Objekts auch nicht entgegengehalten werden könne, der Angriff richte sich „gegen diejenigen Verhältnisse in unserem Staat, die den ökonomischen, politischen und kulturellen Aufbau garantieren". Wenn auch der Gegner mit der Abwerbung eine ökonomisch-politische Schädigung erreichen wolle, so sei das doch nur die Folge, sie zeige nur die besondere Gefährlichkeit dieses Verbrechens. Nur die wirtschaftlichen oder politischen Folgen zu sehen — wie es die Gerichte oft tun — hieße der tatsächlichen Lage und den großen Gefahren, die sich aus dem Angriff auf das Verhältnis zwischen Staat und Bürger ergeben, nicht gerecht werden. Dieser Standpunkt verwechsele die Hauptangriffsrichtung mit den Folgen des Angriffs[276]). Wenn nach Jahn das Argument, daß sich die Abwerbung gegen diejenigen Verhältnisse richte, die den ökonomischen, politischen und kulturellen Aufbau garantieren, nicht durchschlägt, dann ist nicht einzusehen, warum in § 21 Abs. 2 bezüglich des Personenkreises die tatbestandsmäßige Differenzierung und Beschränkung enthalten ist. Jahn selbst geht auf dieses Problem an keiner Stelle ein. Er stellt lediglich fest, daß § 21 Abs. 2 den Normalfall — die Verleitung eines bestimmten Personenkreises — beinhalte[277]). Die oben wiedergegebenen Ausführungen Jahns erhalten aber nur dann einen Sinn, wenn die Strafbarkeit auf die Abwerbung jedweden Bürgers ausgedehnt wird. Ob Jahn diesen Faktor übersehen, oder ob er die Auseinandersetzung damit bewußt vermieden hat, ist nicht ersichtlich. Es ist jedoch anzunehmen, daß das letztere der Fall ist, und zwar einfach um eine Desorientierung der Praxis zu vermeiden, nachdem die Einschränkung einmal gesetzlich festgelegt worden ist. Um die im Tatbestand des § 21 Abs. 2 infolge der Beschränkung

---

[273]) NJ 58, 845.
[274]) So Kühlig NJ 56, 431, Streit NJ 57, 615.
[275]) NJ 58, 845.
[276]) NJ 58, 457.
[277]) NJ 58, 844.

auf einen bestimmten Personenkreis enthaltene Lücke zu schließen, bleibt also nur der Weg über eine das Gesetz praktisch sprengende Auslegung. Diese im Gesetz vorhandene Lücke wird auch von Stiller[278]) nicht übersehen, der darauf hinweist, daß die jetzige Fassung des § 21 nicht die Verleitung von Rentnern und Hausfrauen erfasse. Die Bestrafung solcher Handlungen nach § 8 des Paßgesetzes in Verbindung mit § 48 StGB befriedige nicht. Es gebe verschiedene Beweise dafür, daß eine spezielle Methode der „Abwerbung", von Spezialisten und anderen Personen — womit Stiller offensichtlich die anderen in § 21 Abs. 2 genannten Personengruppen meint — über die Eltern, Elternteile, meist Rentner, oder die Ehefrauen erfolge. Diese Methoden gelte es zu treffen. Dieser Hinweis Stillers könnte als Stütze für die Auffassung dienen, die den Zweck des § 21 Abs. 2 ausschließlich darin sieht, das Arbeitspotential und den Bestand an Fachkräften zu sichern; denn durch die Strafbarkeitserklärung der Abwerbung auch der von Stiller erwähnten Eltern, Ehefrauen u. a. soll, wie es scheint, nur die Abwanderung von Spezialisten usw. verhindert werden. Daß dies aber für Stiller nicht das Entscheidende ist, ergeben seine weiteren Ausführungen, in denen es heißt, daß eine Neufassung des § 21 StEG es auch ermöglichen würde, die Frage des Objekts eindeutig zu klären. Gegenwärtig gebe es gewisse Widersprüche zwischen dem als Angriffsobjekt erkannten gesellschaftlichen Verhältnis und der Beschränkung des Verbrechensgegenstandes nach § 21 Absatz 2[279]). Um was es bei der Abwerbung tatsächlich geht, kommt schließlich klar in einer Stellungnahme Jahn/Stillers[280]) zu den Staatsschutznormen de lege ferenda zum Ausdruck. Die Verfasser führen an, daß sich diese Klassenkampferscheinung (die planmäßig organisierte Abwanderung von Bürgern der DDR nach Westdeutschland) gegen alle Schichten der Bevölkerung richte. Nicht nur aus der Abwanderung arbeitsfähiger Bürger, sondern auch aus der Abwanderung der übrigen Bürger werde politisches Kapital geschlagen. Es solle damit in der Hauptsache bewiesen werden, daß die bankrotte NATO-Politik der Adenauer-Clique doch noch eine Zukunft habe. Die Abwerbung müsse deshalb generell für strafbar erklärt werden.

Aus der Tatsache, daß die Gefährlichkeit der Verleitung zum Verlassen der DDR entscheidend davon abhänge, welche Rolle und Stellung die Abgeworbenen beim sozialistischen Aufbau innehaben, rechtfertigen Jahn/Stiller[281]) eine stärkere Privilegierung im Strafschutz von Angehörigen der bewaffneten Kräfte und Personen mit besonderen Fähigkeiten oder Leistungen, weil sie besonders gefährdet seien. Der Vorschlag von Jahn und Stiller de lege ferenda geht dahin, diese gefährliche Form zusammen mit einem weiteren erschwerenden Umstand nämlich dem Verleiten zum Verlassen der DDR im Auftrag von Agenten- und Spionageorganisationen oder ähnlichen Dienststellen oder von Wirtschaftsunternehmen oder zum Zwecke des Dien-

---

[278]) Staatsverbrechen, S. 128.
[279]) Staatsverbrechen, S. 128.
[280]) NJ 59, 629–631.
[281]) a. a. O.

stes in Söldnerformationen", in einen schweren Fall zusammenzufassen. Es ist mit Sicherheit anzunehmen, daß das künftige Strafgesetzbuch der Zone eine diesem Vorschlag entsprechende Regelung enthalten wird. Es bleibt abzuwarten, welche Änderungen dann hinsichtlich des Strafrahmens eintreten werden. Während de lege lata für das Grunddelikt, § 21 Abs. 2, eine Gefängnisstrafe nicht unter 6 Monaten vorgesehen ist, ist der qualifizierte Fall des § 21 Abs. 1 mit unbeschränktem Zuchthaus und fakultativer Vermögenseinziehung bedroht. Die Zusammenfassung der jetzigen § 21 Abs. 1 und Abs. 2 zu einem schweren Fall müßte dann auch für die Abwerbung der in § 21 Abs. 2 aufgeführten Personengruppen einen höheren Strafrahmen zur Folge haben.

e) Auch in § 21 klingt das im Zusammenhang mit den Verratstatbeständen der §§ 14 ff. schon erörterte Prinzip des Internationalismus an. Aus der Formulierung des § 21 — „Wer es unternimmt, eine Person . . ." — folgt, daß der Tatbestand nicht auf die Abwerbung von Bürgern der „DDR" beschränkt ist. Wie bereits dargelegt wurde, ist der Staat im kommunistischen System Teil eines internationalen Blocks. Der Untertan des Zwangsapparates Staat ist dementsprechend nicht nur Glied des Einzelstaates, sondern Glied des ganzen Systems, „Träger und bewußter Gestalter aller sozialistischen gesellschaftlichen Verhältnisse"[282]). Dies ist aber der von Stiller[283]) als Beispiel angeführte Bürger der CSR, der in der „DDR" an einer technischen Neuerung arbeitet ebenso wie der Bürger der „DDR".

f) Bei einem Vergleich mit den Strafgesetzen anderer Volksdemokratien fällt auf, daß diese zwar auch Strafbestimmungen gegen die politische Emigration enthalten, die sich jedoch nur unmittelbar gegen den Emigranten selbst richten. So sieht das StGB der CSR in dem Abschnitt „Straftaten gegen die Sicherheit der Republik" in § 95 für das Verlassen der Republik ohne Erlaubnis und für die Nichtrückkehr trotz behördlicher Aufforderung eine Freiheitsstrafe vor. Eine besonders harte Bestimmung enthält das bulgarische StGB. Gemäß § 72 a wird als Vaterlandsverräter mit dem Tode bestraft ein bulgarischer Bürger, der ohne Erlaubnis das Land verläßt oder derjenige, der nach Ablauf der für seinen Aufenthalt im Ausland festgesetzten Frist nicht zurückkehrt. Diese Strafbestimmungen richten sich gegen den Abwanderer selbst und entsprechen dem § 8 des sowjetzonalen Paßgesetzes i. d. F. v. 11. 12. 1957[284]), der jedoch im Gegensatz zu den o. a. Gesetzen kein Staatsverbrechen beschreibt und eine erheblich mildere Strafe — Gefängnis bis zu drei Jahren — vorsieht. Die Abwerbung i. S. des § 21 StEG wird also in den erwähnten volksdemokratischen Gesetzen nur als Teilnahmeform bestraft. Daß das StEG für die Abwerbung eine gesonderte Strafbestimmung enthält, ist offensichtlich auf die besondere Situation der

---

282) Jahn NJ 58, 457.
283) Staatsverbrechen, S. 109.
284) GBl. I, Nr. 78, S. 650.

„DDR“ zurückzuführen, die sich aus dem Nebeneinander mit der Bundesrepublik ergibt, worauf H. Benjamin[285]) selbst hingewiesen hat.

10. Der letzte Komplex der Staatsschutzbestimmungen des StEG enthält Strafdrohungen gegen Diversion (§ 22) und gegen Schädlingstätigkeit und Sabotage (§ 23).

a) Die in § 22 unter Strafe gestellte Diversion wird definiert als Zerstörung, Unbrauchbarmachung oder Beschädigung von Maschinen, technischen Anlagen, Transport- oder Verkehrsmitteln oder sonstigen für die Wirtschaft oder die Verteidigung wichtigen Gegenstände mit dem Ziele der Untergrabung der Volkswirtschaft oder Verteidigungskraft.

Die in § 23 mit Strafe bedrohte Schädlingstätigkeit und Sabotage ist gekennzeichnet als die Behinderung staatlicher oder genossenschaftlicher Einrichtungen oder Betriebe in ihrer Tätigkeit, mit dem Ziele, die Tätigkeit der staatlichen Organe oder die Volkswirtschaft zu untergraben oder den Aufbau des Sozialismus zu stören.

Der Begriff Diversion war dem deutschen Strafrecht bisher unbekannt. Die in § 22 als Diversion beschriebene Handlung wird, worauf auch Römer[286]) hinweist, im deutschen Sprachgebrauch ebenso wie die in § 23 mit Strafe bedrohte Handlung als Sabotage bezeichnet[287]). In das sowjetzonale Strafrecht ist der Begriff Diversion durch Befehl Nr. 160 der SMAD[288]) eingeführt worden. Dieser Befehl, der der Rechtsprechung in verschiedenen Übersetzungen zugrunde lag, lautete in einer dieser Übersetzungen:

1. Personen, denen auf den Abbruch der wirtschaftlichen Maßnahmen der deutschen Selbstverwaltungsorgane oder der deutschen Verwaltungen gerichtete Diversionsakte nachgewiesen sind, werden Gefängnisstrafen bis 15 Jahren und in besonders schweren Fällen der Todesstrafe unterworfen.
2. Derselben Strafe unterliegen Personen, welche sich der Sabotage schuldig gemacht haben, um die Tätigkeit von Unternehmen aufzuhalten, sie zu beschädigen oder zu vernichten[289]).

Die Vorschrift weist lediglich auf den durch die Diversionsakte bzw. Sabotage erzielten Erfolg, nämlich den Abbruch der wirtschaftlichen Maßnahmen oder die Beschädigung usw. von Unternehmen hin. Welche Handlungen den Tatbestand der Diversion und Sabotage erfüllen, ist ihr nicht zu entnehmen. Nach Aufhebung des Befehls Nr. 160 wurden beide Verbrechensformen als Boykotthetze i. S. des Art. 6 DDV bestraft. In der Rechtsprechung zu Art. 6 wurde außerdem der Begriff der Schädlingstätigkeit verwandt[290]). Wie die Diversion war auch die Schädlingstätigkeit dem deutschen Recht bisher fremd. Es handelt sich hierbei ebenfalls um eine Über-

---

285) NJ 56, 99.

286) Staat u. Recht 56, 530; vgl. auch Manecke/Sahre, Staat u. Recht 56, 637.

287) Siehe dazu die §§ 90, 316 b, 317 StGB BR.

288) Befehl Nr. 160 der sowjetischen Militäradministration vom 3. 12. 1945.

289) Zitiert nach Lange, Die Justiz, S. 90.

290) z. B. BG Erfurt NJ 55, 104.

nahme aus dem sowjetischen Recht. Da, wie schon angedeutet, der Befehl Nr. 160 über die Handlung Diversion und Sabotage selbst nichts aussagte, liegt die Annahme nahe, daß sich die zonalen Gerichte in ihrer Judikatur zu dieser Bestimmung an den entsprechenden Vorschriften des StGB RSFSR und an der sowjetischen Strafrechtswissenschaft orientiert haben. Mit Inkrafttreten des Art. 6 DDV wurde mit Rücksicht darauf, daß es dieser Bestimmung an jeglicher Konkretisierung fehlt, eine Anlehnung an das sowjetische Recht noch notwendiger. Dabei sind, so ist anzunehmen, die zonalen Gerichte auch auf den Tatbestand der Schädlingstätigkeit im StGB RSFSR gestoßen und haben sie mit in ihre Rechtsprechung einbezogen. Es ist ihnen, auch nach Auffassung zonaler Juristen[291]), jedoch nicht gelungen, die Unterschiede herauszuarbeiten, die sich zwischen den Verbrechen der Diversion, Sabotage, Schädlingstätigkeit aus dem sowjetischen StGB ergeben. Dies gilt besonders für die Sabotage und die Schädlingstätigkeit. Römer[292]) stellte fest, daß in der (zonalen) Rechtsprechung (zu Art. 6) der Begriff Schädlingstätigkeit in verschiedenem Sinne gebraucht wird, und zwar entweder als Synonym zur Sabotage und Diversion oder als eine Art Oberbegriff. Eine besondere Begehungsart Schädlingstätigkeit sei zumindest in der Rechtsprechung einheitlich nicht herausgearbeitet worden.

b) Da die im zonalen Schrifttum um die Neufassung der Tatbestände geführte Diskussion weitgehend auf den Bestimmungen des UK von 1926 und der sowjetischen Strafrechtswissenschaft basiert, ist es notwendig, kurz auf die sowjetische Regelung dieser Delikte einzugehen.

b_1) Den Terminus Diversion enthält das StGB der RSFSR nicht. Er stammt aus dem militärischen Sprachgebrauch und bezeichnet soviel wie Ablenkung feindlicher Unternehmungen[293]). In das sowjetische Strafrecht ist er vermutlich erst durch die Wissenschaft für die in Art. 58^9 beschriebene Handlung eingeführt worden, die gekennzeichnet ist als „in gegenrevolutionärer Absicht mittels Sprengung, Brandstiftung oder auf andere Weise begangene Zerstörung oder Beschädigung von Eisenbahnen oder sonstigen Verkehrswegen und -mitteln, von nationalen Nachrichtenmitteln, Wasserleitungen, öffentlichen Depots oder sonstigen zum staatlichen oder öffentlichen Vermögen gehörigen Anlagen." In das Gesetz über die strafrechtliche Verantwortlichkeit für Staatsverbrechen v. 25. 12. 1958, durch das der strafrechtliche Staatsschutz für die SU neu geregelt worden ist, wurde der Begriff Diversion übernommen. Art. 5 des Gesetzes stellt unter der Überschrift „Diversion" unter Strafe:

> Die mittels Sprengung, Brandstiftung oder auf andere Weise begangene Zerstörung oder Beschädigung von Betrieben, Anlagen, Verkehrswegen und -mitteln, Nachrichtenmitteln oder anderem staatlichen und gesellschaftlichen Vermögen, die Begehung von Massenvergiftungen oder

---

291) Jahn, Staat u. Recht, 56, 82 ff.; Römer, Staat u. Recht 56, 527.
292) Staat u. Recht 56, 529.
293) Lange, Die Justiz, S. 99.

die Verbreitung von Epidemien und Viehseuchen in der Absicht, den Sowjetstaat zu schwächen, ...

b_2) Das Charakteristikum der in Art. 58^{14} StGB der RSFSR mit Strafe bedrohten Sabotage ist die bewußte Nichterfüllung oder unzulängliche Erfüllung bestimmter Verpflichtungen in der speziellen Absicht, die Macht der Regierung und das Funktionieren des Staatsapparates zu beeinträchtigen. Die in Art. 58^7 umschriebene Schädlingstätigkeit — den Terminus selbst verwendet das Gesetz nicht — ist die Unterhöhlung der Volkswirtschaft in gegenrevolutionärer Absicht unter Mißbrauch staatlicher Behörden oder Unternehmen oder die Beeinträchtigung ihrer Tätigkeit. In dem Gesetz über die strafrechtliche Verantwortlichkeit für Staatsverbrechen haben diese beiden Delikte eine Änderung erfahren. Einen gesonderten Tatbestand der Sabotage enthält das Gesetz nicht mehr. In Art. 6 wird als „Schädlingstätigkeit" mit Strafe bedroht:

> Ein Tun oder Unterlassen, das auf die Untergrabung der Industrie, des Verkehrswesens, der Landwirtschaft, des Geldsystems, des Handels oder anderer Volkswirtschaftszweige gerichtet ist sowie die Behinderung der Tätigkeit staatlicher Organe oder gesellschaftlicher Organisationen mit dem Ziel, den Sowjetstaat zu schwächen, ..., wenn diese Handlung durch mißbräuchliche Benutzung staatlicher oder gesellschaftlicher Institutionen, Betriebe, Organisationen oder durch Behinderung ihrer normalen Arbeit begangen wurde ...

Ganz richtig erklärt Römer[294]) die Besonderheiten der Diversion, Sabotage und Schädlingstätigkeit im StGB der RSFSR aus der historischen Perspektive unter Berücksichtigung der sich ständig wandelnden Formen des „Klassenkampfes" in der UdSSR. Römer, der sich dabei weitestgehend an den sowjetischen Wissenschaftler Piontkowski[295]) anzulehnen scheint, führt dazu aus, daß zu Beginn der sowjetischen Revolution die Bourgeoisie hauptsächlich passiven Widerstand gegen die junge Sowjetmacht geleistet habe. Diese passive Widerstandsform sei als Sabotage bezeichnet worden. Der Begriff der Sabotage habe in dieser Zeit einen ganz bestimmten Inhalt erhalten, der sich bis in die Gegenwart in der Definition der Sabotage im Art. 58^{14} UK fortgesetzt habe. Die Schädlingstätigkeit sei als Hauptform des Klassenkampfes vor allem seit Beendigung des Bürgerkrieges aufgetreten, als die Bourgeoisie ihre ökonomischen und politischen Positionen verloren hatte. Zum Unterschied von der als passive Widerstandsform bezeichneten Sabotage enthalte die Schädlingstätigkeit aktive Elemente, die über eine bloße Nicht- oder Schlechterfüllung bestimmter Pflichten hinausgehen. Das Unterscheidungskriterium zwischen Sabotage und Schädlingstätigkeit liegt nach dem StGB der RSFSR also vorwiegend in der Angriffsform. Bei der Sabotage ist es die Methode des Untätigbleibens trotz bestimmter Pflichten, bei der

---

[294]) Staat u. Recht 56, 527 f.

[295]) Sowjetisches Strafrecht, Besonderer Teil, Moskau 1951, § 8 (russ.), zitiert nach Römer, Staat und Recht, a. a. O. S. 528, Anm. 3.

Schädlingstätigkeit das aktive Tätigwerden[296]). In ihren Auswirkungen unterscheiden sie sich kaum[297]).

Während Sabotage und Schädlingstätigkeit heimlich und von innen, also mittelbar, wirken, ist Merkmal der Diversion die unmittelbare Zerstörung und Beschädigung. In dem Gesetz über die strafrechtliche Verantwortlichkeit für Staatsverbrechen fehlt, wie schon angedeutet, der Begriff Sabotage. Der Tatbestand der in Art. 6 dieses Gesetzes unter Strafe gestellten Schädlingstätigkeit ist aber gegenüber Art. 58⁷ UK insofern erweitert, als außer dem aktiven Element der Schädlingstätigkeit auch das passive Element der Sabotage aufgenommen worden ist.

c) Es wurde bereits darauf hingewiesen, daß § 23 StEG Schädlingstätigkeit und Sabotage mit Strafe bedroht. Im Schrifttum[298]) war man überwiegend der Meinung, daß gesonderte Tatbestände für Schädlingstätigkeit und für Sabotage in der Rechtsprechung zu Abgrenzungsschwierigkeiten führen würden. Nach der Fassung des Gesetzes kann die in § 23 vorausgesetzte Behinderung der Tätigkeit staatlicher oder genossenschaftlicher Einrichtungen oder Betriebe sowohl durch Nichterfüllung auferlegter Pflichten, also Sabotage i. S. des Art. 58^{14} UK, als auch durch aktives Handeln begangen werden. Allerdings enthält § 23 keinen Hinweis darauf, daß die Behinderung durch mißbräuchliche Ausnutzung einer dienstlichen Funktion erfolgen muß, wie es Art. 6 des Gesetzes über die strafrechtliche Verantwortlichkeit für Staatsverbrechen im Anschluß an Art. 58^{7} UK für die Schädlingstätigkeit wieder fordert. Manecke/Sahre[299]) gaben zu bedenken, daß durch eine solche Begrenzung des Tatbestandes für Versuche, die Wirtschaft von außen her zu untergraben, indem z. B. gefälschte Anordnungen an Wirtschafts- und Verwaltungsdienststellen versandt werden, oder ähnliche Handlungen ein besonderer Tatbestand geschaffen werden müsse, was nach ihrer Ansicht fehl am Platze sei.

Die Unklarheiten hinsichtlich der Terminologie Schädlingstätigkeit und Sabotage scheinen in der zonalen Theorie immer noch nicht ganz beseitigt zu sein. Obwohl das Gesetz die in § 23 beschriebene Handlung ausdrücklich unter die Überschrift „Schädlingstätigkeit und Sabotage“ stellt, erörtert z. B. Stiller[300]) unter der Überschrift „Die Schädlingstätigkeit und ihre Bekämpfung“ nicht nur den § 23, sondern auch die Diversion. Unter Schädlingstätigkeit versteht er in seiner Darstellung die vielfältigen Angriffe auf die wirtschaftlichen Grundlagen der Arbeiter- und Bauern-Macht in weitestem Sinne[301]). Der Doppelüberschrift des § 23 mißt er keine praktische Bedeutung bei[302]). Zur Stützung seiner Auffassung beruft er sich auf Renne-

---

[296]) Römer, Staat u. Recht, 56, 529.

[297]) Römer, a. a. O.

[298]) Jahn, Staat u. Recht, 56, 86; Manecke/Sahre ebd. S. 632; Römer ebd. S. 530.

[299]) Staat u. Recht, 56, 633/634.

[300]) Staatsverbrechen, S. 112.

[301]) a. a. O.

[302]) a. a. O., S. 113.

berg[303]), der ausführt, daß die Schädlingstätigkeit und die Sabotage in aller Regel zwei verschiedene Seiten ein und desselben verbrecherischen Handelns darstellen. Stiller[304]) führt diesen Gedanken weiter und meint, das Verbrechen der Sabotage trete nur in Einzelfällen als „reine" Nicht- oder Schlechterfüllung auf. Die „zwei Seiten" gingen vielmehr ineinander über und ließen eine Trennung kaum zu. Er bezeichnet es auch als richtig, daß von den Gerichten bei der Anwendung des § 23 keine „Aufteilung" des Verbrechens vorgenommen werde, sondern dieses vorwiegend als Sabotage bezeichnet werde.

Der Kontroverse wäre ein Ende bereitet, wenn der Zonengesetzgeber sich von dem Einfluß des UK gelöst und für die in § 23 beschriebene Handlung einen Begriff gewählt hätte, sei es Schädlingstätigkeit, wie Art. 6 des sowjetischen Gesetzes vom 25. 12. 1958, oder, was dem deutschen Sprachgebrauch näher liegt, Sabotage. De lege ferenda wird damit zu rechnen sein, daß der Begriff Schädlingstätigkeit nicht mehr verwendet wird.

c_1 § 23 soll dem Schutz der Tätigkeit der staatlichen Organe, der Volkswirtschaft und des Aufbaus des Sozialismus dienen. Weder die Tätigkeit der staatlichen Organe noch der Aufbau des Sozialismus erschöpfen sich aber in wirtschaftlichen Funktionen. Stiller[305]) befindet sich daher vollkommen in Übereinstimmung mit dem Gesetz, wenn er unter Berufung auf Renneberg[306]) ausführt, daß die Desorganisation außer der wirtschaftlich-organisatorischen Tätigkeit des Staates auch alle anderen Gebiete des gesellschaftlichen Lebens, z. B. „unseren kulturellen Aufbau" erfassen könne. Allerdings setzt er sich hier in Widerspruch zu sich selbst, indem er, wie schon erwähnt, zuvor ausführt, daß er unter Schädlingstätigkeit, d. h. Diversion und Sabotage, die vielfältigen Angriffe auf die wirtschaftlichen Grundlagen der Arbeiter- und Bauern-Macht versteht. Diese Auffassung korrigiert er an anderer Stelle[307]), wenn er feststellt, daß die in § 23 charakterisierten Objekte gegenüber der Objektsbeschreibung im Tatbestand der Diversion Besonderheiten aufweisen, die vor allem darin bestünden, daß mit § 23 nicht nur die Wirtschaft im weitesten Sinne, sondern auch die Verwirklichung der gesamten Funktionen des Staates geschützt werde. Die Angriffe auf die kulturell-erzieherische Funktion des Staates könnten z. B. durch die Behinderung seiner Tätigkeit auf dem Gebiet des Schul- Hochschulwesens, der Kultur usw. begangen werden.

Angriffsgegenstand des § 23 sind staatliche oder genossenschaftliche Einrichtungen oder Betriebe in ihrer geordneten Tätigkeit. Unter Berücksichtigung der im sowjetzonalen System vorherrschenden Tendenz, alles Leben soweit wie möglich zu verstaatlichen, überrascht es nicht, daß der Begriff

---

[303]) NJ 58, 11.
[304]) Staatsverbrechen, S. 113.
[305]) a. a. O.
[306]) a. a. O.
[307]) Staatsverbrechen, S. 119.

„staatliche Einrichtungen" nach der im Schrifttum[308]) vertretenen Auffassung nicht auf die Volksvertretungen und staatlichen Verwaltungen beschränkt ist, sondern „auch solche staatlichen Organe, die nicht vollziehend-verfügend tätig sind" erfaßt, „wie den volkseigenen Handel, die Hochschulen, sonstige wissenschaftliche Institutionen, die Akademien der Wissenschaft und der Kunst". Staatliche Betriebe i. S. des Gesetzes sind nach Stiller[309]) die volkseigenen Betriebe der Industrie, der Landwirtschaft, die Versorgungsbetriebe usw. Privatbetriebe mit staatlicher Beteiligung seien noch nicht frei von privatkapitalistischem Einfluß und Ausbeutung und könnten deshalb nicht als staatlicher Betrieb angesehen werden. Hinsichtlich des Begriffs „genossenschaftlich" wird bei Stiller[310]) ganz deutlich, daß in der Zone darunter nur solche verstanden werden, die sozialistischen Charakter tragen. Obwohl vom Tatbestand eine Beschränkung nicht gegeben ist, wenn es heißt „... oder genossenschaftliche Einrichtungen oder Betriebe ..." weist Stiller darauf hin, daß bei diesem Angriffsgegenstand zu beachten sei, daß nur sozialistische Genossenschaften in Betracht kommen, zu denen er z. B. die verschiedenen Produktionsgenossenschaften der Landwirtschaft, Fischwirtschaft, des Handwerks u. a. rechnet. Diese sogenannten Genossenschaften haben mit unserem Genossenschaftsbegriff nichts mehr gemein[311]). Die alten noch bestehenden Kreditgenossenschaften, die Einkaufs- und Liefergenossenschaften des Handwerks und die alten Baugenossenschaften, die also keinen sozialistischen Charakter haben und dementsprechend nach Stiller nicht Angriffsgegenstand des § 23 sein können, sind damit Genossenschaften nur noch dem Namen nach. Worin das Wesen der sozialistischen Genossenschaft im Unterschied zu den herkömmlichen Genossenschaften liegt, geht aus den Darlegungen Stillers nicht hervor.

c_2) Es sei noch angeführt, daß § 23 als Unternehmensdelikt ausgestaltet ist und in schweren Fällen gemäß § 24 auf Zuchthaus oder Todesstrafe erkannt werden kann. In diesem Zusammenhang ist besonders auf § 24 Abs. 2 Ziff. d) hinzuweisen, wonach ein schwerer Fall vorliegt, wenn das Verbrechen „unter Ausnutzung eines besonderen Vertrauensverhältnisses, einer verantwortlichen Funktion oder unter Verletzung besonders wichtiger Pflichten begangen wird". Hier klingt das für die Schädlingstätigkeit i. S. des Art. 58^7 UK bzw. Art. 6 des sowjetischen Gesetzes über die strafrechtliche Verantwortlichkeit für Staatsverbrechen charakteristische Merkmal, die „mißbräuchliche Ausnutzung einer dienstlichen Funktion" usw.[312]) an. Praktisch hat man damit in § 24 Abs. 2 Ziff. d) die Schädlingstätigkeit des sowjetischen Rechts in einen schweren Fall der Sabotage verwandelt mit der Folge einer erheblich höheren Strafdrohung als sie Art. 6 des sowjetischen Gesetzes

---

308) Stiller, a. a. O.

309) Staatsverbrechen, S. 119.

310) a. a. O., S. 119/120.

311) Vgl. dazu die Musterstatuten z. B. der LPGs, Gbl. I, 1959, S. 333 und GBl. I, 1959, S. 616, an Hand deren der Begriffswandel deutlich wird.

312) Vgl. oben S. 58/59.

(Freiheitsentzug von acht bis zu fünfzehn Jahren und Vermögenseinziehung) vorsieht.

d) Die in § 22 mit Strafe bedrohte Diversion ist, wie schon erwähnt, gekennzeichnet als die Zerstörung, Unbrauchbarmachung oder Beschädigung von Maschinen, technischen Anlagen, Transport- oder Verkehrsmitteln oder sonstigen für die Wirtschaft oder die Verteidigung wichtigen Gegenständen. Der Tatbestand stimmt im wesentlichen überein mit Art. 58⁹ UK bzw. Art. 5 des Gesetzes über die strafrechtliche Verantwortlichkeit für Staatsverbrechen. Das entscheidende Kriterium der Diversion ist auch in § 22 die unmittelbare Einwirkung auf den Gegenstand. Römer[313]) sowie Manecke/Sahre[314]) schlugen, vor allem mit Rücksicht auf den deutschen Sprachgebrauch, einen einheitlichen Tatbestand für Diversion, Schädlingstätigkeit und Sabotage vor. Auch sei der Gefährlichkeitsgrad beider Verbrechensformen gleichartig, so daß ein unterschiedlicher Strafrahmen nicht erforderlich sei[315]). Der Gesetzgeber des StEG hat sich dieser Auffassung jedoch nicht angeschlossen. Während für Schädlingstätigkeit und Sabotage Zuchthaus schlechthin angedroht ist, sieht § 22 einen Mindeststrafrahmen, Zuchthaus nicht unter drei Jahren, vor. Vermutlich wird der Diversion mit Rücksicht auf die unmittelbare Wirkung nach außen, auf die Bevölkerung, doch ein größerer Gefährlichkeitsgrad beigemessen

Sowohl Verbrechensobjekt als auch Angriffsgegenstand sind in § 22 enger gefaßt als in § 23. Ersteres wird in § 22 auf die Volkswirtschaft und die Verteidigungskraft der „DDR" beschränkt. Hinsichtlich des Angriffsgegenstandes ist die Aufzählung nicht abschließend. Für das Tatbestandsmerkmal „sonstige für die Wirtschaft oder für die Verteidigung wichtige Gegenstände" stellt Stiller[316]) fest, daß die Tötung von Vieh, die Zerstörung von Gebäuden, Stallungen und Scheunen sowie von Erntegut, die Beschädigung von Verkehrsanlagen, Schienen, des Signalsystems usw. ebenfalls die gesetzliche Voraussetzung erfüllen können. Eine Beschränkung des Angriffsgegenstandes ergibt sich jedoch mittelbar aus der Bezogenheit auf das Verbrechensobjekt, das, wie oben hervorgehoben, auf die Volkswirtschaft und die Verteidigungskraft beschränkt ist. Im Gegensatz zu § 23, wo als Verbrechensgegenstand der Schädlingstätigkeit und Sabotage nur staatliche oder genossenschaftliche Einrichtungen oder Betriebe aufgeführt werden, ist für die Strafbarkeit nach § 22 nicht Voraussetzung, daß sich der Deversionsakt gegen gesellschaftliches (staatliches oder genossenschaftliches[317]) Eigentum richtet. Stiller[318]) bemerkt in diesem Zusammenhang, daß auch z. B. Maschinen eines Privatbetriebes Gegenstand eines solchen Verbrechens sein können. Hierin unterscheidet sich die Diversion i. S. des StEG entscheidend von

---

313) Staat u. Recht, 56, 530.
314) Staat u. Recht, 56, 637.
315) Römer, a. a. O., S. 531.
316) Staatsverbrechen, S. 117.
317) Vgl. zum Begriff gesellschaftliches Eigentum § 28 StEG.
318) Staatsverbrechen, S. 117.

Art. 58^{9} StGB RSFSR und Art. 5 des sowjetischen Gesetzes über die strafrechtliche Verantwortlichkeit für Staatsverbrechen, in denen der Angriffsgegenstand auf „staatliches oder öffentliches Vermögen" (Art. 58^{9}) bzw. „staatliches oder gesellschaftliches Vermögen" (Art. 5) beschränkt ist, was sich z. B. in Art. 5 aus der Formulierung „... oder anderem staatlichen ..." ergibt[319]). Der Unterschied läßt sich wohl daraus erklären, daß in der SU sich die als Verbrechensgegenstand der Diversion in Frage kommenden Gegenstände in staatlicher und gesellschaftlicher Hand befinden, während dies in der Zone noch nicht der Fall ist, da der Sozialisierungsprozeß hier noch nicht so weit vorangeschritten ist.

e) Geschützt werden sollen durch § 22 die Volkswirtschaft und die Verteidigungskraft der „DDR", durch § 23 ebenfalls u. a. die Volkswirtschaft.

Es mag zunächst erstaunen, daß gegen die Wirtschaft gerichtete Handlungen als Staatsverbrechen, nach sowjetzonaler Doktrin den schwersten Verbrechen überhaupt, unter Strafe gestellt sind. Für den Marxismus-Leninismus ist aber die Ökonomik die Hauptgrundlage allen staatlichen Seins. Ihre Neugestaltung, der Aufbau des Sozialismus, ist Voraussetzung für die Erreichung des Endziels, der kommunistischen Gesellschaft. Ausgehend von einer solchen Einschätzung des Wirtschaftsfaktors im staatlichen Bereich, ist es nur folgerichtig, den Schutz dieser Wirtschaft derartig in den Vordergrund zu rücken, denn ein Angriff auf sie muß ein Angriff auf die politischen Grundlagen des Systems sein. So galt auch nach dem Generaltatbestand der Staatsverbrechen des UK (Art. 58^{1}) als gegenrevolutionär jede Handlung, die auf die Unterhöhlung oder die Schwächung u. a. der grundlegenden wirtschaftlichen Errungenschaften der proletarischen Revolution gerichtet ist.

Nun darf nicht übersehen werden, daß in der SBZ eine Vielzahl von Gesetzen und Verordnungen zum Schutz von Handel und Wirtschaft bestehen. Genannt seien nur die Wirtschaftsstrafverordnung[320]) und das Handelsschutzgesetz[321]). Auch diese Gesetze sind, wie Lange[322]) nachweist, rein staatspolitisch. Sie sehen die Wirtschaft nicht als Selbstzweck an, sondern werden unmittelbar zur Verwirklichung der spezifischen politischen Zwecke der Machthaber eingesetzt[323]). Von zonaler Seite heißt es dazu[324]):

> „hieraus ergibt sich die hervorragende Bedeutung, die der Volkswirtschaft in der Deutschen Demokratischen Republik zukommt: Ihre weitere Stärkung und Stabilisierung festigt unsere neue gesellschaftliche Ord-

---

319) Vgl. den Text des Art. 5 oben S. 58.

320) Verordnung über die Bestrafung von Verstößen gegen die Wirtschaftsordnung i. d. F. v. 29. 10. 58, GBl. S. 1077.

321) Gesetz zum Schutz des innerdeutschen Handels i. d. F. v. 11. 12. 57, GBl. I, S. 643.

322) Rechtsgutachten.

323) Lange, Rechtsgutachten, S. 14.

324) Kerman, Die Verbrechen gegen die Volkswirtschaft, S. 12.

nung und schafft günstige Voraussetzungen für ein einheitliches demokratisches Deutschland."

Es drängt sich hier die Frage auf, wo verläuft die Grenze zwischen den sich gegen die Wirtschaft richtenden Staatsverbrechen i. S. des StEG und den Wirtschaftsverbrechen i. S. der WStVO und des HSchG. Jahn[325]) führt dazu aus:

„Es muß deshalb Klarheit darüber herrschen, daß es sich bei den Verbrechen der Sabotage und Diversion um Staatsverbrechen handelt, um Verbrechen, die sich in erster Linie gegen die wirtschaftlichen Grundlagen des Staates der Arbeiter und Bauern richten.

Die Wirtschaftsverbrechen richten sich nicht unmittelbar gegen die Grundlagen des sozialistischen Aufbaus."

Diesen Ausführungen Jahns muß entnommen werden, daß er ein Unterscheidungsmerkmal in der subjektiven Zielsetzung des Täters sieht. Tatsächlich läßt sich die Abgrenzung nur nach subjektiven Gesichtspunkten vornehmen. Entscheidend ist das Vorliegen einer staatsfeindlichen Absicht. So führt auch Stiller[326]) aus, daß der Täter eines Diversionsverbrechens die Untergrabung der Wirtschaft oder der Verteidigungskraft in das bewußte und gewollte Ziel seines Handelns aufgenommen haben muß. Eine aus persönlicher Rachsucht vorgenommene Brandstiftung erfülle nicht die subjektiven Voraussetzungen der Diversion. Dieser Auffassung Stillers kann nur zugestimmt werden. Man kann nur hoffen, daß sie nicht Theorie bleibt, sondern auch von der Praxis geteilt wird. Wie die zonale Praxis gerade bei der Feststellung des subjektiven Tatbestandes verfährt, hat die langjährige Erfahrung, die wir gerade bei der Aburteilung von politischen Delikten mit der zonalen Justiz gemacht haben, gelehrt.

III. Das Verhältnis der §§ 13 ff. StEG zu Art. 6 DDV

Es wurde eingangs bereits darauf hingewiesen, daß durch das StEG die bisherige gegen Staatsverbrechen gerichtete Strafbestimmung, Art. 6 DDV, nicht aufgehoben worden ist, sondern neben den §§ 13 ff. StEG als Strafgesetz fortgilt.

1. Schon die Tatsache allein, daß diese „monströse" Gesetzesbestimmung nicht außer Kraft gesetzt worden ist, beweist, daß es den Schöpfern des StEG bei der Neuregelung des strafrechtlichen Staatsschutzes nicht um eine größere Rechtssicherheit für den Bürger ging, entsprechend dem Grundsatz nullum crimen nulla poena sine lege. Den Tatbeständen des StEG fehlt es demzufolge auch an jeglicher Garantiefunktion. Sie sollen es lediglich „den Strafrganen erleichtern, die Verbrechen gegen unseren Staat richtig zu erkennen und jeden Täter seiner Tat entsprechend zu bestrafen"[327]). Dem Art. 6 DDV wird damit die Funktion eines Auffangtatbestandes zugewiesen. Alles,

[325]) Staat u. Recht, 56, 81.
[326]) Staatsverbrechen, S. 118.
[327]) H. Benjamin, NJ 57, 789, vgl. auch Melsheimer NJ 58, 47.

was sich nicht unter die Tatbestände des StEG subsumieren läßt, kann von der Generalklausel erfaßt werden, die jede nur erwünschte Subsumtion zuläßt. Das sowjetzonale Schrifttum macht aus dieser Tatsache auch keinen Hehl. So bemerkt Stiller[328]), daß für den Fall der Herausbildung neuer, mit dem StEG nicht erfaßbarer Staatsverbrechen die Möglichkeit ihrer Bestrafung mit Hilfe des Art. 6 der Verfassung bestehen bleibe. Damit würden zugleich alle Spione und Agenten gewarnt, die glauben, sich etwa bestehende Gesetzeslücken zunutze machen zu können[329]).

2. Infolge des Nebeneinander von Art. 6 DDV und den Staatsschutznormen des StEG ergibt sich die Frage nach den Konkurrenzen zwischen diesen Normen. Im zonalen Schriftum herrscht Übereinstimmung darüber, daß es sich bei dem Verhältnis von Art. 6 DDV zu den §§ 13 ff. StEG um einen Fall der Gesetzeseinheit, und zwar um Spezialität handelt[330]). Soweit also die nach Art. 6 DDV strafbaren Handlungen im StEG unter Strafe gestellt sind, verdrängen die Bestimmungen des StEG den Art. 6.

3. Eine weitere in diesem Zusammenhang auftauchende Frage ist die nach der Rückwirkung der §§ 13 ff. Gemäß § 2 Abs. 2 StGB (Zone) ist entsprechend § 2 Abs. 2 S. 2 StGB BR bei Verschiedenheit der Gesetze von der Zeit der begangenen Handlung bis zu deren Aburteilung das mildeste Gesetz anzuwenden. Für das Verhältnis von Art. 6 zu den Normen des StEG ist also die Frage zu klären, welches das mildere Gesetz i. S. des § 2 Abs. 2 StGB (Zone) ist.

Es wurde bereits erwähnt, daß das OG[331]) für die Verbrechen nach Art. 6 DDV die im StGB für Verbrechen angedrohten Strafen festgelegt hat, d. h. von der zeitigen über die lebenslängliche Zuchthausstrafe bis zur Todesstrafe. Von der Strafdrohung ausgehend wären danach die Bestimmungen des StEG, die eine Gefängnisstrafe vorsehen, also die §§ 16, 19, 20, 21 Abs. 2, gegenüber Art. 6 DDV auf jeden Fall das mildere Gesetz. Das gleiche gilt hinsichtlich der mit Zuchthaus schlechthin bedrohten Delikte wie §§ 15, 17, 18, 21 Abs. 1, die keine Mindestgrenze enthalten. Bei den Bestimmungen gegen Staatsverrat (Zuchthaus nicht unter fünf Jahren), Spionage (Zuchthaus nicht unter drei Jahren) und Diversion (Zuchthaus nicht unter drei Jahren) können jedoch mit Rücksicht auf die festgesetzten Mindestgrenzen Zweifel auftauchen, welches das mildere Gesetz ist. Dazu führt Lekschas[332]) aus, daß Art. 6 auf Grund seiner weiten Tatbestandsfassung und des entsprechend weiten Strafrahmens für die verschiedenen Delikte unterschiedlich schwere Strafen androhe. — Diese Behauptung entbehrt jeglicher Grundlage, denn wie oben[333]) eingehend dargelegt, droht Art. 6 überhaupt keine Strafen an. — Lekschas fährt fort, es hätten sich daher in der Gerichts-

---

[328]) Staatsverbrechen, S. 123.
[329]) Vgl. auch Lekschas, NJ 58, 83.
[330]) Lekschas NJ 58, 82/83; Stiller/M. Benjamin, NJ 58, 189.
[331]) OGE 1, 39 f.
[332]) NJ 58, 84; vgl. auch Melsheimer, NJ 58, 47.
[333]) S. 5 f.

praxis feste Prinzipien herausgebildet, wonach eine ganze Reihe von Handlungen mit schwereren Strafen als der abstrakt angedrohten Mindeststrafe von einem Jahr Zuchthaus zu belegen gewesen seien. Diese Regeln hätten als allgemein anerkannte Auslegungs- und Strafzumessungsregeln verbindliche Kraft gehabt. Es habe mithin niemandem freigestanden, den Staatsverrat, die Diversion oder die Spionage wie sie jetzt in den §§ 13, 14, 22 StEG geregelt sind, etwa nur mit einem Jahr Zuchthaus zu bestrafen. Lekschas geht also davon aus, daß in der Rechtsprechung zu Art. 6 DDV für die jetzt in den §§ 13, 14, 22 beschriebenen Handlungen keine Strafen verhängt worden sind bzw. verhängt werden durften, die unter den in den §§ 13, 14, 22 festgesetzten Mindestgrenzen liegen und rechtfertigt daraus seine Auffassung, daß auch hinsichtlich dieser Bestimmungen das StEG das mildere Gesetz sei. Den möglichen Einwand, daß für als Spionage oder Diversion qualifizierte Handlungen bisher z. T. mildere als die in den §§ 14 oder 22 vorgesehenen Mindeststrafen ausgesprochen worden seien, sucht Lekschas durch den Hinweis auszuräumen, daß eventuell die Gesellschaftsgefährlichkeit dieser Taten unterschätzt worden sei. Es sei auch zu beachten, daß der Begriff der Spionage, wie er in § 14 geprägt worden ist, wesentlich enger sei als der bisher verwandte Spionagebegriff. So fragwürdig die Stellungnahme Lekschas zu dem Problem auch ist, in dem letzten Punkt ist ihm zu folgen; denn während § 14 den Verrat nur von Staatsgeheimnissen erfaßt, fielen früher auch die Handlungen darunter, die in § 15 bzw. § 16 als Sammlung von Nachrichten und als Verbindungsaufnahme unter Strafe gestellt sind. Berücksichtigt man die Strafzumessungspraxis der zonalen Gerichte, die von Lekschas richtig geschildert worden ist, dann erweisen sich, geht man von der jeweils angedrohten Hauptstrafe aus, die §§ 13 ff. gegenüber Art. 6 DDV als das mildeste Gesetz i. S. des § 2 Abs. 2 StGB (Zone).

Bei der Untersuchung des hier behandelten Problems darf jedoch nicht nur die jeweils angedrohte Hauptstrafe berücksichtigt werden. Auszugehen ist von dem gesamten Rechtszustand[334]). Daraus folgt, daß nicht nur die Hauptstrafen, sondern auch die sich aus ihnen möglicherweise ergebenden Rechtsfolgen sowie eventuelle Zusatzstrafen[335]) in die Entscheidung einbezogen werden müssen. Als ipso iure eintretende Rechtsfolge der Verurteilung wegen eines Verbrechens nach Art. 6 DDV sieht Abs. 3 dieser Bestimmung vor:

> Wer wegen Begehung dieser Verbrechen bestraft ist, kann weder im öffentlichen Dienst noch in leitenden Stellen im wirtschaftlichen und kulturellen Leben tätig sein. Er verliert das Recht zu wählen und gewählt zu werden.

Die in dieser Vorschrift, die im wesentlichen dem § 31 StGB entspricht, zwingend vorgesehene Rechtsfolge ist nicht Zusatzstrafe, wie sie z. B. in den

---

[334]) Kohlrausch-Lange § 2, Anm. VII.

[335]) Als Zusatzstrafen werden hier entsprechend der zonalen Terminologie die bei uns als Nebenstrafen bezeichneten Strafarten benannt.

§§ 32 ff. StGB festgelegt ist. Von Lekschas[336]) wird sie allerdings — unzutreffend — als Zusatzstrafe bezeichnet. Dem steht aber die Darstellung der Zusatzstrafen im sowjetzonalen Lehrbuch des Strafrechts[337]) entgegen, in dem § 31 StGB nicht als Zusatzstrafe behandelt wird. Daß für die Folgen aus Art. 6 Abs. 3 nichts anderes gelten soll, ergibt sich aus dem ebenfalls im Lehrbuch enthaltenen Hinweis, daß die Folgen ipso jure eintreten[338]), also im Gegensatz zu § 9 Friedensschutzgesetz nicht im Urteil angeordnet werden müssen. Die Normen des StEG enthalten eine dem Art. 6 Abs. 3 DDV entsprechende Bestimmung nicht. Damit verlieren die in den §§ 13 ff. angedrohten Strafen gegenüber Art. 6 an Schärfe. Bei nach dem StEG erfolgten Verurteilungen zu Zuchthaus können auch die in § 31 StGB zwingend vorgesehenen Rechtsfolgen nicht mehr eintreten, da diese Vorschrift durch § 12 StEG aufgehoben worden ist. Es ergibt sich somit, daß die §§ 13 ff. StEG auch hinsichtlich der sich aus einer Verurteilung wegen Staatsverbrechens ergebenden Rechtsfolgen im Verhältnis zu Art. 6 das mildere Gesetz i. S. des § 2 Abs. 2 StGB (Zone) sind.

Bei der Beurteilung der Frage nach dem milderen Gesetz muß weiter in Betracht gezogen werden, daß das StEG in einigen Fällen neben der angedrohten Freiheitsstrafe die Vermögenseinziehung vorsieht, in § 13 obligatorisch und in den §§ 14, 21 Abs. 1, 22 und 23 fakultativ. Hierbei handelt es sich um eine Zusatzstrafe[339]), die in Art. 6 nicht enthalten ist und es ergibt sich die Frage, ob Art. 6 mangels dieser besonderen Strafdrohung nicht doch als das mildere Gesetz angesehen werden muß. Lekschas[340]) verneint dies. Er geht dabei jedoch von der, oben schon als falsch bezeichneten, Auffassung aus, daß die in Art. 6 Abs. 3 beschriebenen Rechtsfolgen Zusatzstrafen sind und wägt sie gegen die Vermögenseinziehung ab. Dabei kommt er zu dem Ergebnis, daß diese in ihrer Schwere hinter der in Art. 6 Abs. 3 vorgeschriebenen Zusatzstrafe zurückbleibe, da der dauernde Verlust des aktiven und passiven Wahlrechts verbunden mit der dauernden Unfähigkeit zur Tätigkeit im öffentlichen Dienst und der Bekleidung leitender Funktionen im wirtschaftlichen und kulturellen Leben die staatsbürgerlichen Rechte und Freiheiten weitaus stärker einschränke, als die bloße Einziehung des Vermögens es vermöge. Man kann darüber streiten, ob diese verallgemeinernde Feststellung Lekschas' zutrifft. Zumindest vom Ansatz her ist seine Argumentation falsch. Stiller übernimmt die Auffassung Lekschas und fügt hinzu, daß sie in voller Übereinstimmung mit den dem StEG zugrunde liegenden rechtspolitischen Gesichtspunkten stehe[341]). Die dem StEG zugrunde liegenden rechtspolitischen Gesichtspunkte dürften jedoch für die hier zu treffende Entscheidung uninteressant sein. Ins Gewicht fallen würden sie

---

336) NJ 58, 84.
337) S. 585.
338) S. 587.
339) Über die Vermögenseinziehung vgl. auch oben S. 25 f.
340) NJ 58, 84.
341) Staatsverbrechen, S. 124.

nur dann, wenn mit dem StEG eine Besserstellung des Täters bezweckt werden sollte. Daß dies nicht der Fall ist und dem StEG ganz andere rechtspolitische Gesichtspunkte zugrunde liegen, haben die oben gemachten Ausführungen gezeigt. Geht man von der hier vertretenen Auffassung aus, daß durch den Wegfall einer dem Art. 6 Abs. 3 DDV entsprechenden Bestimmung im StEG und des § 31 StGB die in den §§ 13 ff. angedrohten Zuchthausstrafen in sich gegenüber dem früheren Rechtszustand milder geworden sind, dann ist entscheidend, ob die infolge der im StEG teilweise vorgesehenen Vermögenseinziehung eingetretene Verschärfung durch die Milderung der Hauptstrafe ausgeglichen worden ist und überhaupt ausgeglichen werden kann, so daß das StEG trotz der früher nicht vorgesehenen Zusatzstrafe doch als das mildere Gesetz zu gelten hat. Es erübrigt sich jedoch, auf diese Frage näher einzugehen. Wenn man nämlich berücksichtigt, daß die §§ 13 ff. im Gegensatz zu Art. 6 doch in gewissem Umfang feste Tatbestandserfordernisse aufstellen, sowohl auf der objektiven als auch auf der subjektiven Seite, so bedeutet das — theoretisch — eine so erhebliche Besserstellung des Täters gegenüber Art. 6 DDV, daß die jetzt hinzugekommene Zusatzstrafe in Form der Vermögenseinziehung bei der Beurteilung des hier zur Diskussion stehenden Problems nicht ins Gewicht fällt. Unter Berücksichtigung dieser Umstände ergibt sich, daß die §§ 13 ff. gegenüber Art. 6 DDV das mildere Gesetz i. S. des § 2 Abs. 2 StGB (Zone) sind und ihre Anwendung auf Taten, die vor dem 1. 2. 1958 begangen worden sind, nicht gegen das Rückwirkungsverbot verstößt, sondern im Gegenteil durch § 2 Abs. 2 StGB (Zone) zwingend vorgeschrieben ist.

D. AUFGABEN UND STELLUNG DES RICHTERS IM SOWJETZONALEN SYSTEM

Es wurde eingangs darauf hingewiesen, daß der Unterschied des strafrechtlichen Staatsschutzes in verschiedenartigen politischen Systemen nicht nur in der von der Staatsauffassung abhängigen verschiedenartigen Ausgestaltung des Staatsschutzes zu suchen ist, sondern auch in der Handhabung der Staatsschutznormen durch die Gerichte. Wie Gesetze angewendet werden, hängt wiederum davon ab, welche Stellung und welche Funktion dem Richter in einem Staatswesen zugewiesen werden. Zum Verständnis der sowjetzonalen Rechtsprechung und der Judikatur zum strafrechtlichen Staatsschutz insbesondere ist es daher notwendig, etwas näher auf Stellung und Aufgaben des sowjetzonalen Richters einzugehen.

Laut Art. 127 DDV und § 7 GVG sind die Richter in ihrer Rechtsprechung unabhängig und nur der Verfassung und dem Gesetz unterworfen. Durch diese beiden Bestimmungen scheint das rechtsstaatliche Prinzip der Gewaltenteilung zumindest hinsichtlich der dritten Gewalt, der Rechtsprechung, auch in der SBZ garantiert zu sein. Dieses Prinzip ist aber unvereinbar mit dem das sowjetzonale System beherrschenden Grundsatz des demokratischen Zentralismus, der in der Präambel des „Gesetzes über die Vervollkommnung und Vereinfachung der Arbeit des Staatsapparates“ vom 11. 2. 1958[342]) definiert wird als „straffe Planung und Leitung ...“. Welche Stellung die Rechtsprechung innerhalb des Staatsapparates einnimmt und welche Aufgaben ihr zugewiesen werden, ergibt sich eindeutig aus dem GVG i. d. F. vom 1. Oktober 1959, dessen §§ 1 und 2 lauten:

§ 1

Die Rechtsprechung in der Deutschen Demokratischen Republik wird ausgeübt durch das Oberste Gericht, die Bezirksgerichte und die Kreisgerichte. Die Gerichte sind Organe der einheitlichen volksdemokratischen Staatsmacht.

§ 2

1) Die Rechtsprechung der Gerichte der Deutschen Demokratischen Republik dient dem Sieg des Sozialismus, der Einheit Deutschlands und dem Frieden. Ihre Aufgabe ist

a) der Schutz der auf der Verfassung der Deutschen Demokratischen Republik beruhenden gesellschaftlichen und staatlichen Ordnung und ihrer Rechtsordnung,

b) der Schutz und die Förderung der Grundlagen der sozialistischen Wirtschaft, vor allem des sozialistischen Eigentums und der Volkswirtschaftspläne,

c) der Schutz der verfassungsmäßigen Interessen der politischen, wirtschaftlichen und kulturellen Organisationen,

d) der Schutz der gesetzlichen Rechte und Interessen der Bürger.

2) Die Gerichte tragen durch ihre Tätigkeit dazu bei, daß in ihrem Bereich die staatlichen Aufgaben erfolgreich gelöst, insbesondere die Volkswirtschaftspläne erfüllt werden ...

Unverhüllter kann der Funktionswandel der Rechtsprechung kaum zum Ausdruck kommen. Die Zweckentfremdung der Justiz wird weiter deutlich, wenn es in einer „Konzeption über die zukünftige Arbeit der Justizorgane“[343]) heißt: „Die Tätigkeit der Justizorgane ist ein Bestandteil der Tätigkeit der einheitlichen Staatsorgane und der Tätigkeit der Machtorgane untergeordnet ... Das Recht und seine Anwendung müssen stets mit dem Grad der gesellschaftlichen Entwicklung in Einklang stehen und ihr dienen, d. h. das Recht muß eine aktive Rolle spielen, Hebel bei der sozialistischen Umwälzung sein.“ Zu berücksichtigen ist auch, daß, wie oben dargelegt, die SED durch ihre Beschlüsse und Direktiven allen Organen des Staates, also auch der Justiz, die politische Linie für ihre Arbeit gibt. Es ist die konsequente Folgerung der in den §§ 1 und 2 GVG festgelegten und in den wiedergegebenen sowjetzonalen Äußerungen zum Ausdruck kommenden Auffassung von der Funktion der Rechtsprechung, wenn § 13 GVG vorsieht:

---

[342]) GBl. 117.

[343]) NJ 59, 469.

1. Die Kreis- und Bezirksgerichte werden in ihrer Tätigkeit durch das Ministerium der Justiz angeleitet und kontrolliert.
2. Die Anleitung und Kontrolle haben die Erfüllung der Aufgaben der Rechtsprechung und der politischen Arbeit unter den Werktätigen zu gewährleisten ...

Damit wird aber die Unabhängigkeitsgarantie des Art. 127 DDV und des § 7 GVG illusorisch. Kennzeichnend für das Gerichtsverfassungsrecht der Zone ist, daß Recht gesprochen wird nicht von unabhängigen Richtern um der Gerechtigkeit willen, sondern von der Partei unterworfenen Gerichten um der politischen Zweckmäßigkeit willen. Unter diesen Umständen kann, wie Schulz[344]) feststellt, von einer Rechtssicherheit, wie wir sie verstehen, keine Rede sein. Daß dies besonders hinsichtlich des politischen Strafrechts gilt, liegt auf der Hand.

ERGEBNIS

Als Ergebnis der vorliegenden Untersuchung läßt sich feststellen, daß die gesetzliche Neuregelung des strafrechtlichen Staatsschutzes in der SBZ durch das Strafrechtsergänzungsgesetz keine Abkehr von der bisherigen Strafpolitik im Bereich der politischen Delikte mit sich brachte. Das Gesetz spiegelt die Tendenz wider, alles gesellschaftliche Leben in die Staatssphäre einzubeziehen und unter die Botmäßigkeit der alles beherrschenden Partei zu bringen. Der Schutz der Gesellschaftsordnung durch § 13 sowie der weitreichende strafrechtliche Schutz gesellschaftlicher Einrichtungen und Funktionäre in den §§ 19 und 20 sind nur Beispiele dafür.

Zwar sind die verschiedenen Begehungsformen des Art. 6 DDV in festere Tatbestände gefügt worden und enthalten die Strafvorschriften differenzierte Strafdrohungen. Aber das Bestehen eines Gesetzes bietet allein nicht die Gewähr für Rechtssicherheit und Schutz des einzelnen vor dem Zugriff der staatlichen Zwangsgewalt. Die dargelegten Auslegungspraktiken der zonalen Theorie und Praxis haben dies deutlich gemacht. Sie haben gezeigt, daß es auch ohne Generalklausel und ohne Analogie möglich ist, die gewünschte, von politischer Zweckmäßigkeit diktierte Strafpolitik durchzusetzen, wenn man dem Richter seine Unabhängigkeit und die Selbstverantwortung vor einer Rechtsidee nimmt und ihn zum Werkzeug bei der Durchführung des jeweiligen politischen Tageskurses degradiert. So betrachtet, stellen sich die Staatsschutznormen des StEG als Legalisierung politischer Willkür dar. Es wurde mehrfach darauf hingewiesen, daß die Auslegung der Staatsschutznormen durch sowjetzonales Schrifttum und Praxis vom politischen System her gesehen nur folgerichtig ist. Für dieses System, in dem der einzelne in

[344]) Die Verfassung, S. 53.

seiner Eigenpersönlichkeit nichts gilt und nur für das Kollektiv da zu sein hat, das jede Bindung an eine Rechtsidee leugnet, gilt der Satz:

> „Im Recht offenbart sich die Politik der in dem betreffenden Staat herrschenden Klasse, was sich nicht nur bei der Schaffung von Rechtsnormen, sondern auch bei ihrer A n w e n d u n g [345]) zeigt[346])."

Mit welcher Konsequenz in der SBZ danach verfahren wird, hat die Untersuchung des strafrechtlichen Staatsschutzes gezeigt. Sie hat den Satz Welzels[347]) bestätigt, daß in totalitären Staaten Staatsschutzbestimmungen kein echtes Strafrecht, sondern bewußtermaßen ein Kampfmittel zur Vernichtung des politischen Gegners sind, daß nur in freiheitlichen Verfassungen, Staatsschutzbestimmungen echte Strafnormen sein können.

---

345) Hervorhebung vom Verfasser.
346) Große Sowjetenzyklopädie zitiert nach Lange, Rechtsidee C 11.
347) Welzel S. 391.

FSC
www.fsc.org
MIX
Papier | Fördert gute Waldnutzung
FSC® C083411

Kolibri 360 GmbH
Ferdinand-Jühlke-Straße 7
99095 Erfurt, Deutschland
produktsicherheit@kolibri360.de